ажает сердечную благодарность

то прислал в наш адрес советы и

роизведений для издания в серии

я сотрудничества и ждём ваших

ний.

Николай Носов

Мишкина каша

Издание И.П.Носова
Москва 2012

ЗАТЕЙНИКИ

Мы с Валей затейники. Мы всегда затеваем какие-нибудь игры.

Один раз мы читали сказку «Три поросёнка». А потом стали играть. Сначала мы бегали по комнате, прыгали и кричали:

— Нам не страшен серый волк!

Потом мама ушла в магазин, а Валя сказала:

— Давай, Петя, сделаем себе домик, как у тех поросят, что в сказке.

Мы стащили с кровати одеяло и завесили им стол. Вот и получился дом. Мы залезли в него, а там темно-темно!

Валя говорит:

— Вот и хорошо, что у нас свой дом! Мы всегда будем здесь жить и никого к себе не пустим, а если серый волк придёт, мы его прогоним.

Я говорю:

—Жалко, что у нас в домике нет окон, очень темно!

—Ничего, — говорит Валя. — У поросят ведь домики бывают без окон.

Я спрашиваю:

—А ты меня видишь?

—Нет. А ты меня?

— И я, — говорю, — нет. Я даже себя не вижу.

Вдруг меня кто-то как схватит за ногу! Я как закричу! Выскочил из-под стола, а Валя за мной.

— Чего ты? — спрашивает.

— Меня, — говорю, — кто-то схватил за ногу. Может быть, серый волк?

Валя испугалась и бегом из комнаты. Я — за ней. Выбежали в коридор и дверь захлопнули.

— Давай, — говорю, — дверь держать, чтобы он не открыл.

Держали мы дверь, держали.

Валя и говорит:

— Может быть, там никого нет?

Я говорю:

— А кто же тогда меня за ногу трогал?

— Это я, — говорит Валя, — я хотела узнать, где ты.

— Чего же ты раньше не сказала?

— Я, — говорит, — испугалась. Ты меня испугал.

Открыли мы дверь. В комнате никого нет. А к столу подойти всё-таки боимся: вдруг из-под него серый волк вылезет!

Я говорю:

— Пойди сними одеяло.

А Валя говорит:

— Нет, ты пойди!

Я говорю:

— Там же никого нет.

— А может быть, есть!

Я подкрался на цыпочках к столу, дёрнул за край одеяла и бегом к двери. Одеяло упало, а под столом никого нет. Мы обрадовались. Хотели починить домик, только Валя говорит:

— Вдруг опять кто-нибудь за ногу схватит!

Так и не стали больше в «три поросёнка» играть.

КАРАСИК

Мама недавно подарила Виталику аквариум с рыбкой. Очень хорошая была рыбка, красивая! Серебристый карасик — вот как она называлась. Виталик был рад, что у него есть карасик. Первое время он очень интересовался рыбкой — кормил её, менял воду в аквариуме, а потом привык к ней и иногда даже забывал её вовремя покормить.

А ещё у Виталика был котёнок Мурзик. Он был серый, пушистый, а глаза у него были большие зелёные. Мурзик очень любил смотреть на рыбку. По целым часам он сидел возле аквариума и не сводил глаз с карасика.

— Ты смотри за Мурзиком, — говорила Виталику мама. — Как бы он не съел твоего карася.

— Не съест, — отвечал Виталик. — Я буду смотреть.

Однажды, когда мамы не было дома, к Виталику

пришёл его друг Серёжа. Он увидел в аквариуме рыбку и сказал:

—Давай меняться. Ты дай мне карасика, а я, если хочешь, дам тебе свой свисток.

—Зачем мне свисток? — сказал Виталик. — По-моему, рыбка лучше свистка.

—Чем же она лучше? Свисток свистеть может. А рыбка что? Разве может рыбка свистеть?

—Зачем же рыбке свистеть? — ответил Виталик. — Рыбка свистеть не может, зато она плавает. А свисток разве может плавать?

—Сказал! — засмеялся Серёжа. — Где это видано, чтобы свистки плавали! Зато рыбку может кот съесть, вот и не будет у тебя ни свистка, ни рыбки. А свисток кот не съест — он железный.

—Мне мама не позволяет меняться. Она говорит, что сама купит, если мне что-нибудь надо, — сказал Виталик.

—Где же она купит такой свисток? — ответил Серёжа. — Такие свистки не продаются. Это настоящий милиционерский свисток. Я как выйду во двор да как засвищу, сразу все подумают, что милиционер пришёл.

Серёжа вынул из кармана свисток и засвистел.

—А ну, дай я, — попросил Виталик.

Он взял свисток и подул в него. Свисток звонко, переливчато засвистел. Виталику очень понравилось, как он свистит. Ему захотелось иметь свисток, но он не мог сразу решиться и сказал:

—А где у тебя будет жить рыбка? У тебя ведь аквариума нет.

—А я посажу её в банку из-под варенья. У нас большая банка есть.

—Ну ладно, — согласился Виталик.

Ребята принялись ловить рыбку в аквариуме, но карась плавал быстро и не давался в руки.

Они набрызгали вокруг водой, а Серёжа измочил рукава до самых локтей. Наконец ему удалось схватить карасика.

— Есть! — закричал он. — Давай сюда какую-нибудь кружку с водой! Я посажу туда рыбку.

Виталик поскорей налил в кружку воды. Серёжа посадил карася в кружку. Ребята пошли к Серёже — сажать рыбку в банку. Банка оказалась не очень большая, и карасику в ней было не так просторно, как в аквариуме. Ребята долго смотрели, как карасик плавает в банке. Серёжа радовался, а Виталику было жалко, что теперь у него не будет рыбки, а главное, он боялся признаться маме, что променял карасика на свисток.

«Ну ничего, может быть, мама и не заметит сразу, что рыбка пропала», — подумал Виталик и пошёл домой.

Когда он вернулся, мама уже была дома.

— Где же твоя рыбка? — спросила она.

Виталик растерялся и не знал, что сказать.

— Может быть, её Мурзик съел? — спросила мама.

— Не знаю, — пробормотал Виталик.

— Вот видишь, — сказала мама. — Он выбрал-таки время, когда дома никого не было, и выловил из аквариума рыбку! Где он, разбойник? Ну-ка, найди мне его сейчас!

— Мурзик! Мурзик! — стал звать Виталик, но кота нигде не было.

— Наверно, в форточку убежал, — сказала мама. — Пойди-ка во двор, позови его.

Виталик надел пальто и вышел во двор.

«Вот как нехорошо получилось! — думал он. — Теперь Мурзику из-за меня достанется».

Он хотел вернуться домой и сказать, что Мурзика во дворе нет, но тут Мурзик выскочил из отдушины, которая была под домом, и быстро побежал к двери.

— Мурзинька, не ходи домой, — сказал Виталик. — Тебе попадёт от мамы.

Мурзик замурлыкал, принялся тереться спинкой об ноги Виталика, потом поглядел на закрытую дверь и потихоньку мяукнул.

— Не понимаешь, глупый, — сказал Виталик. — Тебе ведь человеческим языком говорят, что нельзя домой.

Но Мурзик, конечно, ничего не понимал. Он ласкался к Виталику, тёрся об него боками и потихоньку бодал его головой, будто торопил поскорей открыть дверь. Виталик стал отталкивать его от двери, но Мурзик не хотел уходить. Тогда Виталик спрятался от него за дверь.

— Мяу! — закричал Мурзик под дверью.

Виталик поскорей вышел обратно:

— Тише! Кричит тут! Вот мама услышит, тогда узнаешь!

Он схватил Мурзика и принялся запихивать его обратно в отдушину под домом, из которой Мурзик только что вылез. Мурзик упирался всеми четырьмя лапами и не хотел лезть в отдушину.

— Лезь, глупый! — уговаривал его Виталик. — Посиди там пока.

Наконец он его целиком запихал в отдушину. Только хвост Мурзика остался торчать снаружи. Некоторое время Мурзик сердито вертел хвостом, потом и хвост скрылся в отдушине. Виталик обрадовался. Он думал, что котёнок останется теперь сидеть в подвале, но тут Мурзик снова выглянул из дыры.

— Ну, куда же ты лезешь, глупая голова! — зашипел

Виталик и загородил выход руками. — Говорят же тебе: нельзя домой идти.

— Мяу! — закричал Мурзик.

— Вот тебе и «мяу»! — передразнил его Виталик. — Ну что мне теперь делать с тобой?

Он стал оглядываться вокруг и искать, чем бы закрыть дыру. Рядом лежал кирпич. Виталик поднял его и закрыл дыру кирпичом.

— Вот теперь не вылезешь, — сказал он. — Посиди там, в подвале, а завтра мама забудет про рыбку, и я тебя выпущу.

Виталик вернулся домой и сказал, что Мурзика во дворе нет.

—Ничего, — сказала мама, — вернётся. Я всё равно не прощу ему этого.

За обедом Виталик сидел грустный и даже не хотел ничего есть.

«Я вот обедаю, — думал он, — а Мурзик, бедный, в подвале сидит».

Когда мама вышла из-за стола, он незаметно сунул в карман котлету и пошёл во двор. Там он отодвинул кирпич, которым была закрыта отдушина, и потихоньку позвал:

—Мурзик! Мурзик!

Но Мурзик не отзывался. Виталик нагнулся и заглянул в дыру. В подвале было темно и ничего не было видно.

—Мурзик! Мурзинька! — звал Виталик. — Я тебе котлету принёс!

Мурзик не вылезал.

—Не хочешь — ну и сиди, глупая голова! — сказал Виталик и вернулся домой.

Дома без Мурзика ему было скучно. На душе было как-то нехорошо, потому что он обманул маму. Мама заметила, что он грустный, и сказала:

—Не горюй! Я тебе другую рыбку куплю.

—Не надо, — сказал Виталик.

Он уже хотел признаться маме во всём, но у него не хватило смелости, и он ничего не сказал. Тут за окном послышался шорох и раздался крик:

—Мяу!

Виталик посмотрел в окно и увидел снаружи на подоконнике Мурзика. Видно, он вылез из подвала через другую дырку.

—А! Пришёл наконец, разбойник! — сказала мама. — Иди-ка сюда, иди!

Мурзик прыгнул в открытую форточку и очутился в комнате. Мама хотела схватить его, но он, видно, догадался, что его хотят наказать, и шмыгнул под стол.

— Ишь ты, хитрец какой! — сказала мама. — Чувствует, что виноват. Ну-ка, поймай его.

Виталик полез под стол. Мурзик увидел его и юркнул под диван. Виталик был рад, что Мурзик удрал от него. Он полез под диван и нарочно старался шуметь, чтобы Мурзик услышал и успел убежать. Мурзик выскочил из-под дивана. Виталик погнался за ним и принялся бегать по всей комнате.

— Что ты такой шум поднял? Разве его так поймаешь! — сказала мама.

Тут Мурзик прыгнул на подоконник, где стоял аквариум, и хотел выскочить обратно в форточку, но сорвался и с размаху как плюхнется в аквариум! Вода так и брызнула в разные стороны. Мурзик выскочил из аквариума и давай отряхиваться. Тут мама и схватила его за шиворот.

— Вот я тебя проучу как следует!

—Мамочка, миленькая, не бей Мурзика! — заплакал Виталик.

—Нечего его жалеть, — сказала мама. — Он ведь не пожалел рыбку!

—Мамочка, он не виноват!

—Как же «не виноват»? А кто карася съел?

—Это не он.

—А кто же?

—Это я...

—Ты съел? — удивилась мама.

—Нет, я не съел. Я его на свисток променял.

—На какой свисток?

—Вот на этот.

Виталик вынул из кармана свисток и показал маме.

—Как же тебе не стыдно? — сказала мама.

—Я нечаянно. Серёжа сказал: «Давай меняться», — я и поменялся.

—Я не о том говорю! Я говорю, почему ты не сказал правду? Я ведь на Мурзика подумала. Разве честно на других сваливать?

—Я боялся, что ты станешь бранить меня.

—Это только трусы боятся говорить правду! Хорошо было бы, если б я наказала Мурзика?

—Я больше не буду.

—Ну смотри! Только потому прощаю, что ты всё-таки сам признался, — сказала мама.

Виталик взял Мурзика и понёс к батарее сушиться. Он посадил его на скамеечке и сел рядом с ним. Мокрая шерсть на Мурзике торчала в разные стороны, как иголки у ёжика, и от этого Мурзик казался таким худым-худым, будто целую неделю совсем ничего не ел. Виталик вынул из кармана котлету и положил перед Мурзиком. Мурзик съел котлету, потом забрался на колени к Виталику, свернулся калачиком и замурлыкал свою песенку.

ОГУРЦЫ

Один раз Павлик взял с собой Котьку на реку ловить рыбу. Но в этот день им не повезло: рыба совсем не клевала. Зато когда шли обратно, они забрались в колхозный огород и набрали полные карманы огурцов. Колхозный сторож заметил их и засвистел в свисток. Они от него бежать. По дороге домой Павлик подумал, как бы ему дома не досталось за то, что он лазит по чужим огородам. И он отдал свои огурцы Котьке.

Котька пришёл домой радостный:

— Мама, я тебе огурцов принёс!

Мама посмотрела, а у него полные карманы огурцов, и за пазухой огурцы лежат, и в руках ещё два больших огурца.

— Где ты их взял? — говорит мама.

—На огороде.
—На каком огороде?
—Там, у реки, на колхозном.
—Кто ж тебе позволил?
—Никто, я сам нарвал.
—Значит, украл?
—Нет, не украл, а так просто... Павлик брал, а мне нельзя, что ли? Ну, и я взял.

Котька начал вынимать огурцы из карманов.
—Постой, постой! Не выгружай! — говорит мама.
—Почему?
—Сейчас же неси их обратно!
—Куда ж я их понесу? Они на грядке росли, а я сорвал. Всё равно они теперь уже расти не будут.
—Ничего, отнесёшь и положишь на той же грядке, где сорвал.
—Ну, я их выброшу.
—Нет, не выбросишь! Ты их не садил, не растил, не имеешь права и выбрасывать.

Котька стал плакать:
—Там сторож. Он нам свистел, а мы убежали.
—Вот видишь, что делаете! А если б он поймал вас?
—Он не догнал бы. Он уже старенький дедушка.
—Ну как тебе не стыдно! — говорит мама. — Ведь дедушка за эти огурцы отвечает. Узнают, что огурцы пропали, скажут, что дедушка виноват. Хорошо будет?

Мама стала совать огурцы обратно Котьке в карман. Котька плакал и кричал:
—Не пойду я! У дедушки ружьё. Он выстрелит и убьёт меня.
—И пусть убьёт! Пусть лучше у меня совсем не будет сына, чем будет сын вор.
—Ну, пойдём со мной, мамочка! На дворе темно. Я боюсь.

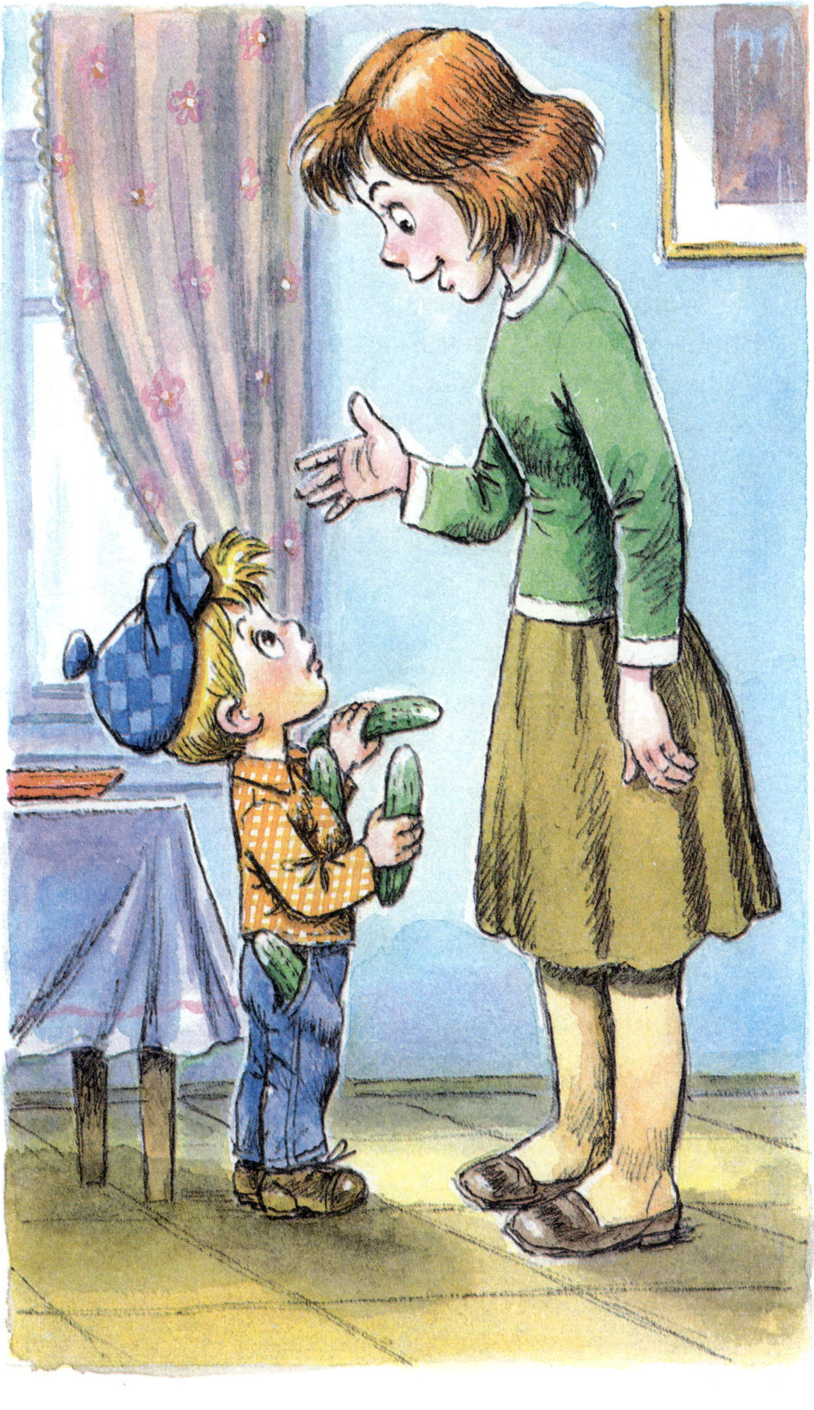

—А брать не боялся?

Мама дала Котьке в руки два огурца, которые не поместились в карманах, и вывела его за дверь.

—Или неси огурцы, или совсем уходи из дому, ты мне не сын!

Котька повернулся и медленно-медленно пошёл по улице.

Уже было совсем темно.

«Брошу их тут, в канаву, а скажу, что отнёс, — решил Котька и стал оглядываться вокруг. — Нет, отнесу: ещё кто-нибудь увидит и дедушке из-за меня попадёт».

Он шёл по улице и плакал. Ему было страшно.

«Павлику хорошо! — думал Котька. — Он мне свои огурцы отдал, а сам дома сидит. Ему небось не страшно».

Вышел Котька из деревни и пошёл полем. Вокруг не было ни души. От страха он не помнил, как добрался до огорода. Остановился возле шалаша, стоит и плачет всё громче и громче. Сторож услышал и подошёл к нему.

—Ты чего плачешь? — спрашивает.

—Дедушка, я принёс огурцы обратно.

—Какие огурцы?

—А которые мы с Павликом нарвали. Мама сказала, чтоб я отнёс обратно.

—Вот оно какое дело! — удивился сторож. — Это, значит, я вам свистел, а вы всё-таки огурцы-то стащили. Нехорошо!

—Павлик брал, и я взял. Он мне и свои огурцы отдал.

—А ты на Павлика не смотри, сам понимать должен. Ну, больше не делай так. Давай огурцы и иди домой.

Котька вытащил огурцы и положил их на грядку.

—Ну, все, что ли? — спросил старик.

—Нет... одного не хватает, — ответил Котька и снова заплакал.

—Почему не хватает, где же он?

—Дедушка, я один огурец съел. Что теперь будет?

—Ну что ж будет? Ничего не будет. Съел, ну и съел. На здоровье.

—А вам, дедушка, ничего не будет за то, что огурец пропал?

—Ишь ты какое дело! — усмехнулся дедушка. — Нет, за один огурец ничего не будет. Вот если б ты не принёс остальных, тогда да, а так нет.

Котька побежал домой. Потом вдруг остановился и закричал издали:

—Дедушка, дедушка!

—Ну что ещё?

—А этот вот огурец, что я съел, как будет считаться — украл я его или нет?

—Гм! — сказал дед. — Вот ещё какая задача! Ну чего там, пусть не украл.

—А как же?

—Ну, считай, что я тебе подарил его.

—Спасибо, дедушка! Я пойду.

—Иди, иди, сынок.

Котька во весь дух помчался по полю, через овраг, по мостику через ручей и, уже не спеша, пошёл по деревне домой. На душе у него было радостно.

ДРУЖОК

Замечательно нам с Мишкой жилось на даче! Вот где было раздолье! Делай что хочешь, иди куда хочешь. Можешь в лес за грибами ходить или за ягодами или купаться в реке, а не хочешь купаться — так лови рыбу, и никто тебе слова не скажет. Когда у мамы кончился отпуск и нужно было собираться обратно в город, мы даже загрустили с Мишкой. Тётя Наташа заметила, что мы оба ходим как в воду опущенные, и стала уговаривать маму, чтоб мы с Мишкой остались ещё пожить. Мама согласилась и договорилась с тётей Наташей, чтоб она нас кормила и всякое такое, а сама уехала.

Мы с Мишкой остались у тёти Наташи. А у тёти Наташи была собака Дианка. И вот как раз в тот день, когда мама уехала, Дианка вдруг ощенилась: шестерых щенков принесла. Пятеро чёрных с рыжими пятнами и один — совсем рыжий, только одно ухо у него было чёрное. Тётя Наташа увидела щенков и говорит:

— Чистое наказание с этой Дианкой! Каждое лето она щенков приносит! Что с ними делать — не знаю. Придётся их утопить.

Мы с Мишкой говорим:

— Зачем топить? Они ведь тоже хотят жить. Лучше отдать соседям.

— Да соседи не хотят брать, у них своих собак полно, — сказала тётя Наташа. — А мне ведь тоже не надо столько собак.

Мы с Мишкой стали просить.

— Тётечка, не надо их топить! Пусть они подрастут немножечко, а потом мы сами их кому-нибудь отдадим.

Тётя Наташа согласилась, и щеночки остались. Скоро они подросли, стали бегать по двору и лаять: «Тяф! Тяф!» — совсем как настоящие псы. Мы с Мишкой по целым дням играли с ними.

Тётя Наташа несколько раз напоминала нам, чтоб мы раздали щенков, но нам было жалко Дианку. Ведь она станет скучать по своим детям, думали мы.

— Зря я вам поверила, — сказала тётя Наташа. — Теперь я вижу, что все щенки останутся у меня. Что я буду делать с такой оравой собак? На них одного корму сколько надо!

Пришлось нам с Мишкой браться за дело. Ну и помучились же мы! Никто не хотел брать щенков. Несколько дней подряд мы таскали их по всему посёлку и насилу пристроили трёх щенков. Ещё двоих мы отнесли в соседнюю деревню. У нас остался один щенок, тот, который был рыжий с чёрным ухом. Нам он больше всех нравился. У него была такая милая морда и очень красивые глаза, такие большие, будто он всё время чему-нибудь удивлялся. Мишка никак не хотел расставаться с этим щенком и написал своей маме такое письмо:

«*Милая мамочка! Разреши мне держать щеночка маленького. Он очень красивый, весь рыжий, а ухо чёрное, и я его очень люблю. За это я тебя всегда буду слушаться, и буду хорошо учиться, и щеночка буду учить, чтоб из него выросла хорошая, большая собака*».

Мы назвали щеночка Дружком. Мишка говорил, что купит книжку о том, как дрессировать собак, и будет учить Дружка по книжке.

* * *

Прошло несколько дней, а от Мишкиной мамы так и не пришло ответа. То есть пришло письмо, но в нём совсем ничего про Дружка не было. Мишкина мама писала, чтобы мы приезжали домой, потому что она беспокоится, как мы тут живём одни.

Мы с Мишкой в тот же день решили ехать, и он сказал, что повезёт Дружка без разрешения, потому что он ведь не виноват, раз письмо не дошло.

— Как же вы повезёте своего щенка? — спросила тётя Наташа. — Ведь в поезде не разрешают возить собак. Увидит кондуктор и оштрафует.

— Ничего, — говорит Мишка, — мы его в чемодан спрячем, никто и не увидит.

Мы переложили из Мишкиного чемодана все вещи ко мне в рюкзак, просверлили в чемодане дырки гвоздём, чтоб Дружок в нём не задохнулся, положили туда краюшку хлеба и кусок жареной курицы на случай, если Дружок проголодается, а Дружка посадили в чемодан и пошли с тётей Наташей на станцию.

Всю дорогу Дружок сидел в чемодане молча, и мы были уверены, что довезём его благополучно. На станции тётя Наташа пошла взять нам билеты, а мы решили посмотреть, что делает Дружок. Мишка открыл чемодан. Дружок спокойно лежал на дне и, задрав голову кверху, жмурил глаза от света.

—Молодец Дружок! — радовался Мишка. — Это такой умный пёс!.. Понимает, что мы его везём тайком.

Мы погладили Дружка и закрыли чемодан. Скоро подошёл поезд. Тётя Наташа посадила нас в вагон, и мы попрощались с ней. В вагоне мы выбрали для себя укромное местечко. Одна лавочка была совсем свободна, а напротив сидела старушка и дремала. Больше никого не было. Мишка сунул чемодан под лавку. Поезд тронулся, и мы поехали.

* * *

Сначала всё шло хорошо, но на следующей станции стали садиться новые пассажиры. К нам подбежала какая-то длинноногая девчонка с косичками и затрещала, как сорока:

— Тётя Надя! Дядя Федя! Идите сюда! Скорее, скорее, здесь места есть!

Тётя Надя и дядя Федя пробрались к нашей лавочке.

— Сюда, сюда! — трещала девчонка. — Садитесь! Я вот здесь сяду с тётей Надечкой, а дядечка Федечка пусть сядет рядом с мальчиками.

— Не шуми так, Леночка, — сказала тётя Надя.

И они вместе сели напротив нас, рядом со старушкой, а дядя Федя сунул свой чемодан под лавку и сел рядом с нами.

— Ой, как хорошо! — захлопала в ладоши Леночка. — С одной стороны три дяденьки сидят, а с другой — три тётеньки.

Мы с Мишкой отвернулись и стали смотреть в окно. Сначала всё было тихо, только колёса постукивали. Потом под лавкой послышался шорох и начало что-то скрестись, словно мышь.

— Это Дружок! — зашептал Мишка. — А что, если кондуктор придёт?

— Ничего, может быть, он и не услышит.

— А если Дружок лаять начнёт?

Дружок потихоньку скрёбся, будто хотел проскрести в чемодане дырку.

— Ай, мамочка, мышь! — завизжала эта егоза Леночка и стала поджимать под себя ноги.

— Что ты выдумываешь! — сказала тётя Надя. — Откуда тут мышь?

— А вот послушай! Послушай!

Тут Мишка изо всех сил стал кашлять и толкать чемодан ногой. Дружок на минуту успокоился, потом потихоньку заскулил. Все удивлённо переглянулись, а Мишка поскорей стал тереть по стеклу пальцем так, чтоб стекло визжало. Дядя Федя посмотрел на Мишку строго и сказал:

— Мальчик, перестань! Это на нервы действует.

В это время сзади кто-то заиграл на гармошке, и Дружка не стало слышно. Мы обрадовались. Но гармошка скоро утихла.

— Давай будем песни петь! — шепчет Мишка.

— Неудобно, — говорю я.

— Ну, давай громко стихи читать.

— Ну, давай. Начинай.

Из-под лавки раздался писк. Мишка закашлял и поскорее начал стихи:

25

> Травка зеленеет, солнышко блестит,
> Ласточка с весною в сени к нам летит.

В вагоне раздался смех. Кто-то сказал:

— На дворе скоро осень, а у нас тут весна начинается!

Леночка стала хихикать и говорить:

— Какие мальчишки смешные! То скребутся, как мыши, то по стеклу пальцами скрипят, то стихи читают.

Но Мишка ни на кого не обращал внимания. Когда это стихотворение кончилось, он начал другое и отбивал такт ногами:

> Как мой садик свеж и зелен!
> Распустилась в нём сирень.
> От черёмухи душистой
> И от лип кудрявых тень.

— Ну, вот и лето пришло: сирень, видите ли, распустилась! — шутили пассажиры.

А у Мишки без всякого предупреждения грянула зима:

> Зима!.. Крестьянин, торжествуя,
> На дровнях обновляет путь;
> Его лошадка, снег почуя,
> Плетётся рысью как-нибудь...

А потом почему-то всё пошло шиворот-навыворот и после зимы наступила вдруг осень:

> Скучная картина!
> Тучи без конца.
> Дождик так и льётся,
> Лужи у крыльца.

Тут Дружок жалобно завыл в чемодане, и Мишка закричал что было силы:

> Что ты рано в гости,
> Осень, к нам пришла?
> Ещё просит сердце
> Света и тепла!

Старушка, которая дремала напротив, проснулась, закивала головой и говорит:

— Верно, деточка, верно! Рано осень к нам пришла. Ещё ребятишкам погулять хочется, погреться на солнышке, а тут осень! Ты, миленький, хорошо стишки говоришь, хорошо!

И она принялась гладить Мишку по голове. Мишка незаметно толкнул меня под лавкой ногой, чтоб я продолжал чтение, а у меня, как нарочно, все стихи выскочили из головы, только одна песня вертелась. Недолго раздумывая, я гаркнул что было силы на манер стихов:

> Ах вы сени, мои сени!
> Сени новые мои!
> Сени новые, кленовые, решётчатые!

Дядя Федя поморщился:

— Вот наказание! Ещё один исполнитель нашёлся!

А Леночка надула губки и говорит:

— Фи! Нашёл что читать! Какие-то сени!

А я отбарабанил эту песню два раза подряд и принялся за другую:

> Сижу за решёткой, в темнице сырой,
> Вскормлённый в неволе орёл молодой...

— Вот бы тебя засадить куда-нибудь, чтоб ты не портил людям нервы! — проворчал дядя Федя.

—Ты не волнуйся, — говорила ему тётя Надя. — Ребята стишки повторяют, что тут такого!

Но дядя Федя всё-таки волновался и тёр рукой лоб, будто у него голова болела. Я замолчал, но тут Мишка пришёл на помощь и стал читать с выражением:

> Тиха украинская ночь.
> Прозрачно небо, звёзды блещут...

—О! — засмеялись в вагоне. — На Украину попал! Куда-то ещё залетит?

На остановке вошли новые пассажиры:

—Ого, да тут стихи читают! Весело будет ехать.

А Мишка уже путешествовал по Кавказу:

> Кавказ подо мною, один в вышине
> Стою над снегами у края стремнины...

Так он объехал чуть ли не весь свет и попал даже на Север. Там он охрип и снова стал толкать меня под лавкой ногой. Я никак не мог припомнить, какие ещё бывают стихи, и опять принялся за песню:

> Всю-то я вселенную проехал.
> Нигде я милой не нашёл...

Леночка засмеялась:

—А этот всё какие-то песни читает!

—А я виноват, что Мишка все стихи перечитал? — сказал я и принялся за новую песню:

> Голова ль ты моя удалая,
> Долго ль буду тебя я носить?

—Нет, братец, — проворчал дядя Федя, — если будешь так донимать всех своими стихами, то не сносить тебе головы!

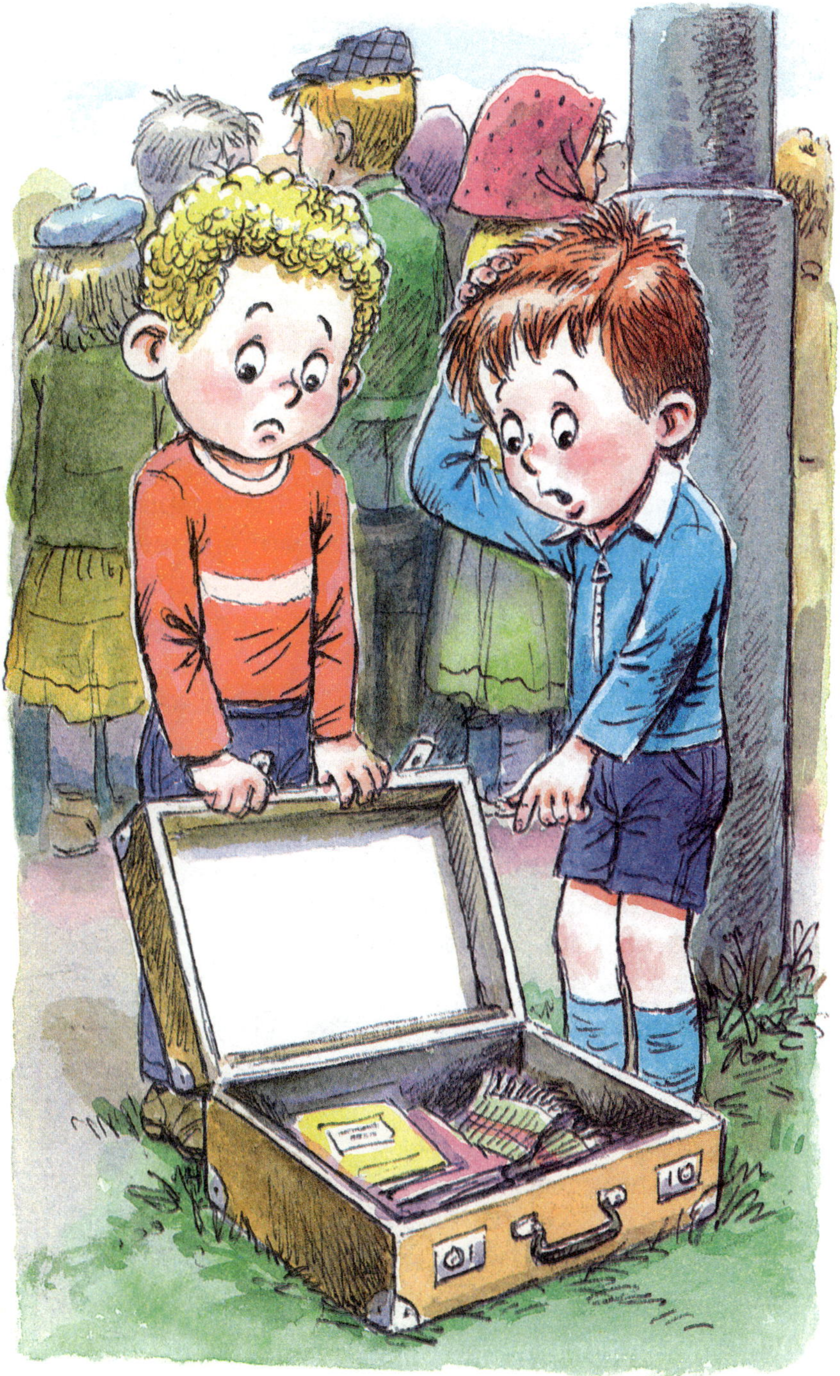

Он опять принялся тереть рукой лоб, потом взял из-под лавки чемодан и вышел на площадку.

Поезд подходил к городу. Пассажиры зашумели, стали брать свои вещи и толпиться у выхода. Мы тоже схватили чемодан и рюкзак и стали пролезать на площадку. Поезд остановился. Мы вылезли из вагона и пошли домой. В чемодане было тихо.

— Смотри, — сказал Мишка, — когда не надо, так он молчит, а когда надо было молчать, он всю дорогу скулил.

— Надо посмотреть — может, он там задохнулся? — говорю я.

Мишка поставил чемодан на землю, открыл его... и мы остолбенели: Дружка в чемодане не было! Вместо него лежали какие-то книжки, тетради, полотенце, мыло, очки в роговой оправе, вязальные спицы.

— Что это? — говорит Мишка. — Куда же Дружок делся?

Тут я понял, в чём дело.

— Стой! — говорю. — Да это ведь не наш чемодан!

Мишка посмотрел и говорит:

— Верно! В нашем чемодане были дырки просверлены, и потом наш был коричневый, а этот рыжий какой-то. Ах я, разиня! Схватил чужой чемодан!

— Бежим скорей обратно, может быть, наш чемодан так и стоит под лавкой, — сказал я.

Прибежали мы на вокзал. Поезд ещё не ушёл. А мы забыли, в каком вагоне ехали. Стали бегать по всем вагонам и заглядывать под лавки. Обыскали весь поезд. Я говорю:

— Наверно, его забрал кто-нибудь.

— Давай ещё раз пройдём по вагонам, — говорит Мишка.

Мы ещё раз обыскали все вагоны. Ничего не нашли. Стоим с чужим чемоданом и не знаем, что делать. Тут пришёл проводник и прогнал нас.

— Нечего, — говорит, — по вагонам шнырять!

Пошли мы домой. Я зашёл к Мишке, чтобы выгрузить из рюкзака его вещи. Мишкина мама увидела, что он чуть не плачет, и спрашивает:

— Что с тобой?
— Дружок пропал!
— Какой дружок?
— Ну, щенок. Не получала письма разве?
— Нет, не получала.
— Ну вот! А я писал.

Мишка стал рассказывать, какой хороший был Дружок, как мы его везли и как он потерялся. Под конец Мишка расплакался, а я ушёл домой и не знаю, что было дальше.

* * *

На другой день Мишка приходит ко мне и говорит:
— Знаешь, теперь выходит — я вор!
— Почему?
— Ну, я ведь чужой чемодан взял.
— Ты ведь по ошибке.
— Вор тоже может сказать, что он по ошибке.
— Тебе ведь никто не говорит, что ты вор.
— Не говорит, а всё-таки совестно. Может быть, тому человеку этот чемодан нужен. Я должен вернуть.
— Да как же ты найдёшь этого человека?
— А я напишу записки, что нашёл чемодан, и расклею по всему городу. Хозяин увидит записку и придёт за своим чемоданом.
— Правильно! — говорю я.
— Давай записки писать.

Нарезали мы бумаги и стали писать:

«Мы нашли чемодан в вагоне. Получить у Миши Козлова. Песчаная улица, № 8, кв. 3».

Написали штук двадцать таких записок. Я говорю:

— Давай напишем ещё записки, чтоб нам вернули Дружка. Может быть, наш чемодан тоже кто-нибудь по ошибке взял.

— Наверно, его тот гражданин взял, который с нами в поезде ехал, — сказал Мишка.

Нарезали мы ещё бумаги и стали писать:

«Кто нашёл в чемодане щенка, очень просим вернуть Мише Козлову или написать по адресу: Песчаная улица, № 8, кв. 3».

Написали и этих записок штук двадцать и пошли их по городу расклеивать. Клеили на всех углах, на фонарных столбах... Только записок оказалось мало.

Мы вернулись домой и стали ещё записки писать. Писали, писали — вдруг звонок. Мишка побежал открывать. Вошла незнакомая тётенька.

—Вам кого? — спрашивает Мишка.
—Мишу Козлова.

Мишка удивился: откуда она его знает?
—А зачем?
—Я, — говорит, — чемодан потеряла.
—А! — обрадовался Мишка. — Идите сюда. Вот он, ваш чемодан.

Тётенька посмотрела и говорит:
—Это не мой.
—Как — не ваш? — удивился Мишка.
—Мой был побольше, чёрный, а этот рыжий.
—Ну, тогда вашего у нас нет, — говорит Мишка. — Мы другого не находили. Вот когда найдём, тогда пожалуйста.

Тётенька засмеялась и говорит:
—Вы неправильно делаете, ребята. Чемодан надо спрятать и никому не показывать, а если придут за ним, то вы сначала спросите, какой был чемодан и что в нём лежало. Если вам ответят правильно, тогда отдавайте чемодан. А так ведь вам кто-нибудь скажет: «Мой чемодан» — и заберёт, а это и не его вовсе. Всякие люди бывают!

—Верно! — говорит Мишка. — А мы и не сообразили!

Тётенька ушла.
—Вот видишь, — говорит Мишка, — сразу подействовало! Не успели мы записки наклеить, а люди уже приходят. Ничего, может быть, и Дружок найдётся!

Мы спрятали чемодан под кровать, но в этот день к нам больше никто не пришёл. Зато на другой день

33

у нас перебывало много народу. Мы с Мишкой даже удивлялись, как много людей теряют свои чемоданы и разные другие вещи. Один гражданин забыл чемодан в трамвае и тоже пришёл к нам, другой забыл в автобусе ящик с гвоздями, у третьего в прошлом году пропал сундук — все шли к нам, как будто у нас было бюро находок. С каждым днём приходило всё больше и больше народу.

—Удивляюсь! — говорил Мишка. — Приходят только те, у которых пропал чемодан или хотя бы сундук, а те, которые нашли чемодан, преспокойно сидят дома.

—А чего им беспокоиться? Кто потерял, тот ищет, а кто нашёл, чего ему ещё ходить?

—Могли бы хоть письмо написать, — говорит Мишка. — Мы бы сами пришли.

* * *

Один раз мы с Мишкой сидели дома. Вдруг кто-то постучал в дверь. Мишка побежал отворять. Оказалось, почтальон. Мишка радостный вбежал в комнату с письмом в руках.

—Может быть, это про нашего Дружка! — сказал он и стал разбирать на конверте адрес, который был написан неразборчивыми каракулями.

Весь конверт был усеян штемпелями и наклейками с надписями.

—Это не нам письмо, — сказал наконец Мишка. — Это маме. Какой-то шибко грамотный человек писал. В одном слове две ошибки сделал: вместо «Песчаная» улица написал «Печная». Видно, письмо долго по городу ходило, пока куда надо дошло... Мама! — закричал Мишка. — Тебе письмо от какого-то грамотея!

—Что это за грамотей?

—А вот почитай письмо.

Мама разорвала конверт и стала читать вполголоса:

—«Милая мамочка! Разреши мне держать щеночка маленького. Он очень красивый, весь рыжий, а ухо чёрное, и я его очень люблю...» Что это? — говорит мама. — Это ведь ты писал!

Я засмеялся и посмотрел на Мишку. А он покраснел как варёный рак и убежал.

* * *

Мы с Мишкой потеряли надежду отыскать Дружка, но Мишка часто вспоминал о нём:

—Где он теперь? Какой у него хозяин? Может быть, он злой человек и обижает Дружка? А может быть, Дружок так и остался в чемодане и погиб там от голода? Пусть бы мне не вернули его, а только хоть бы сказали, что он живой и что ему хорошо!

Скоро каникулы кончились, и пришла пора идти в школу. Мы были рады, потому что очень любили учиться и уже соскучились по школе. В этот день мы встали рано-рано, оделись во всё новое и чистое. Я пошёл к Мишке, чтоб разбудить его, и встретился с ним на лестнице. Он как раз шёл ко мне, чтобы разбудить меня.

Мы думали, что в этом году с нами будет заниматься Вера Александровна, которая учила нас в прошлом году, но оказалось, что у нас теперь будет совсем новая учительница, Надежда Викторовна, так как Вера Александровна перешла в другую школу. Надежда Викторовна дала нам расписание уроков, сказала, какие учебники будут нужны, и стала вызывать нас всех по журналу, чтоб познакомиться с нами. А потом спросила:

— Ребята, вы учили в прошлом году стихотворение Пушкина «Зима»?

— Учили! — загудели все хором.

— Кто помнит это стихотворение?

Все ребята молчали. Я шепчу Мишке:

— Ты ведь помнишь?

— Помню.

— Так поднимай руку!

Мишка поднял руку.

— Ну, выходи на середину и читай, — сказала учительница.

Мишка подошёл к столу и начал читать с выражением:

> Зима!.. Крестьянин, торжествуя,
> На дровнях обновляет путь;

> Его лошадка, снег почуя,
> Плетётся рысью как-нибудь...

Он читал всё дальше и дальше, а учительница сначала смотрела на него пристально, потом наморщила лоб, будто вспоминала что-то, потом вдруг протянула к Мишке руку и говорит:

— Постой, постой! Я вспомнила: ты ведь тот мальчик, который ехал в поезде и всю дорогу читал стихи? Верно?

Мишка сконфузился и говорит:

— Верно.

— Ну, садись, а после уроков зайдёшь ко мне в учительскую.

— А стихи не надо кончать? — спросил Мишка.

— Не надо. Я и так вижу, что ты знаешь.

Мишка сел и принялся толкать меня под партой ногой:

— Это она! Та тётенька, которая с нами в поезде ехала. Ещё с нею была девчонка Леночка и дяденька, который сердился. Дядя Федя, помнишь?

— Помню, — говорю. — Я её тоже узнал, как только ты стихи стал читать.

— Ну, что теперь будет? — беспокоился Мишка. — Зачем она меня в учительскую вызвала? Наверно, достанется нам за то, что мы тогда шумели в поезде!

Мы с Мишкой так волновались, что не заметили даже, как занятия кончились. Последними вышли из класса, и Мишка пошёл в учительскую. Я остался ждать его в коридоре. Наконец он оттуда вышел.

— Ну, что тебе учительница сказала? — спрашиваю я.

— Оказывается, мы её чемодан взяли, то есть не её, а того дяденьки. Но это всё равно. Она спросила,

37

не взяли ли мы по ошибке чужой чемодан. Я сказал, что взяли. Она стала расспрашивать, что в этом чемодане было, и узнала, что это их чемодан. Она велела сегодня же принести ей чемодан и дала адрес.

Мишка показал мне бумажку, на которой был записан адрес. Мы поскорей пошли домой, взяли чемодан и отправились по адресу.

Нам открыла дверь Леночка, которую мы видели в поезде.

— Вам кого? — спросила она.

А мы забыли, как звать учительницу.

— Постойте, — говорит Мишка. — Вот тут на бумажке записано... Надежду Викторовну.

Леночка говорит:

— Вы, наверно, чемодан принесли?

— Принесли.

— Ну, заходите.

Она привела нас в комнату и закричала:

— Тётя Надя! Дядя Федя! Мальчики чемодан принесли!

Надежда Викторовна и дядя Федя вошли в комнату. Дядя Федя открыл чемодан, увидел свои очки и сразу надел их на нос.

— Вот они, мои любимые старые очки! — обрадовался он. — Как хорошо, что они нашлись! А то я к новым очкам никак не могу привыкнуть.

Мишка говорит:

— Мы ничего не трогали. Всё ждали, когда хозяин отыщется. Мы даже везде объявления наклеили, что нашли чемодан.

— Ну вот! — сказал дядя Федя. — А я никогда не читаю объявлений на стенах. Ну ничего, в следующий раз буду умнее — всегда буду читать.

Леночка куда-то ушла, а потом вернулась в комнату, а за ней бежал щенок. Он был весь рыжий, только одно ухо у него было чёрное.

— Смотри! — прошептал Мишка.

Щенок насторожился, приподнял своё ухо и поглядел на нас.

— Дружок! — закричали мы.

Дружок завизжал от радости, кинулся к нам, принялся прыгать и лаять. Мишка схватил его на руки:

— Дружок! Верный мой пёс! Значит, ты не забыл нас?

Дружок лизал ему щёки, а Мишка целовал его прямо в морду. Леночка смеялась, хлопала в ладоши и кричала:

—Мы его в чемодане с поезда принесли! Мы по ошибке ваш чемодан взяли. Это всё дядечка Федечка виноват!

—Да, — сказал дядя Федя, — это моя вина. Я первый взял ваш чемодан, а потом уж вы мой взяли.

Они отдали нам чемодан, в котором Дружок ехал в поезде. Леночка, видно, очень не хотела расставаться с Дружком. На глазах у неё даже слёзы были. Мишка сказал, что на следующий год у Дианки снова будут щенки, тогда мы выберем самого красивого и привезём ей.

—Обязательно привезите, — сказала Леночка.

Мы попрощались и вышли на улицу. Дружок сидел на руках у Мишки, вертел во все стороны головой, и глаза у него были такие, будто он всему удивлялся. Наверно, Леночка всё время держала его дома и ничего ему не показывала.

Когда мы подошли к дому, у нас на крыльце сидели две тётки и дядька. Они, оказывается, нас ждали.

—Вы, наверно, за чемоданом пришли? — спросили мы их.

—Да, — сказали они. — Это вы те ребята, которые чемодан нашли?

—Да, это мы, — говорим мы. — Только никакого чемодана у нас теперь нет. Уже нашёлся хозяин, и мы отдали.

—Так вы бы поснимали свои записки, а то только людей смущаете. Приходится из-за вас даром время терять!

Они поворчали и разошлись. А мы с Мишкой в тот же день обошли все места, где наклеили записки, и ободрали их.

ТЕЛЕФОН

Один раз мы с Мишкой были в игрушечном магазине и увидели замечательную игрушку — телефон. В большой деревянной коробке лежали два телефонных аппарата, две трубки, в которые говорить и слушать, и целая катушка проволоки. Продавщица объяснила нам, что если один телефон поставить в одной квартире, а другой — у соседей и соединить оба аппарата проволокой, то можно переговариваться.

— Вот нам бы купить! Мы как раз соседи, — сказал Мишка. — Хорошая штука! Это не какая-нибудь простая игрушка, которую поломаешь и выбросишь. Это полезная вещь!

— Да, — говорю я, — очень полезная штука! Захотел поговорить, взял трубку — поговорил, и ходить никуда не надо.

41

—Удобство! — восторгался Мишка. — Сидишь дома и разговариваешь. Замечательно!

Мы с Мишкой решили собирать деньги, чтобы купить телефон. Две недели подряд мы не ели мороженого, не ходили в кино — всё деньги копили. Наконец насобирали сколько было нужно и купили телефон.

Примчались из магазина домой с коробкой. Один телефон у меня поставили, другой — у Мишки, и от моего телефона протянули проволоку через форточку вниз, прямо к Мишкиному телефону.

—Ну, — говорит Мишка, — попробуем разговаривать. Беги наверх и слушай.

Я помчался к себе, взял трубку и слушаю, а трубка уже кричит Мишкиным голосом:

—Алло! Алло!

Я тоже как закричу:

—Алло!

—Слышно что-нибудь? — кричит Мишка.

—Слышно. А тебе слышно?

—Слышно. Вот здорово! Тебе хорошо слышно?

—Хорошо. А тебе?

—И мне хорошо! Ха-ха-ха! Слышно, как я смеюсь?

—Слышно. Ха-ха-ха! А тебе слышно?

—Слышно. Послушай, сейчас я к тебе приду.

Мишка прибежал ко мне, и мы принялись обниматься от радости.

—Хорошо, что купили телефон! Правда? — говорит Мишка.

—Конечно, — говорю, — хорошо.

—Слушай, сейчас я пойду обратно и позвоню тебе.

Он убежал и позвонил снова.

Я взял трубку:

—Алло!

—Алло!

—Слышно?
—Слышно.
—Хорошо?
—Хорошо.
—И у меня хорошо. Давай разговаривать.
—Давай, — говорю. — А о чём разговаривать?
—Ну, о чём... О чём-нибудь... Хорошо, что мы купили телефон, правда?
—Правда.
—Вот если бы не купили, было бы плохо. Правда?
—Правда.
—Ну?
—Что «ну»?
—Чего же ты не разговариваешь?
—А ты почему не разговариваешь?
—Да я не знаю, о чём разговаривать, — говорит Мишка. — Это всегда так бывает: когда надо разговаривать, так не знаешь, о чём разговаривать, а когда не надо разговаривать, так разговариваешь и разговариваешь...

Я говорю:
—Давай вот что: подумаем, а когда придумаем, тогда позвоним.
—Ладно.

Я повесил трубку и стал думать. Вдруг звонок. Я взял трубку.
—Ну, придумал? — спрашивает Мишка.
—Нет, ещё не придумал.
—Я тоже ещё не придумал.
—Зачем же ты звонишь, раз не придумал?
—А я думал, что ты придумал.
—Я сам тогда позвонил бы.
—А я думал, что ты не догадаешься.
—Что ж я, по-твоему, осёл?

—Нет, какой же ты осёл! Ты совсем не осёл! Разве я говорю, что ты осёл!
—А что ты говоришь?
—Ничего. Говорю, что ты не осёл.
—Ну ладно, довольно тебе про осла твердить! Давай лучше уроки учить.
—Давай.

Я повесил трубку и сел за уроки. Вдруг Мишка снова звонит:
—Слушай, сейчас я буду петь и на рояле играть по телефону.
—Ну, пой, — говорю.

Послышалось какое-то шипение, потом забренчала музыка, и вдруг Мишка запел не своим голосом:

> Куда, куда вы удалились,
> Весны моей златые дни-и-и?

«Что это? — думаю. — Где он так петь выучился?»

Вдруг Мишка сам является. Рот до ушей.
—Ты думал, это я пою? Это патефон по телефону поёт! Дай-ка, я послушаю.

Я дал ему трубку. Он слушал, слушал, потом как бросит трубку — и бегом вниз. Я взял трубку, а там: «Пш-ш-ш! Пш-ш-ш! Др-р-р! Др-р-р!» Наверно, пластинка кончилась. Я снова сел за уроки. Опять звонок. Я взял трубку:
—Алло!

А из трубки:
—Ав! Ав! Ав!
—Ты чего, — говорю, — по-собачьи лаешь?
—Это не я. Это с тобой Дружок разговаривает. Слышишь, как он кусает трубку зубами?
—Слышу.

—Это я ему в морду тыкаю трубкой, а он её зубами грызёт.

—Ты бы лучше не портил трубку.

—Ничего, она железная... Ай! Пошёл вон! Я тебе покажу, как кусаться! Вот тебе! (Ав! Ав! Ав!) Кусается, понимаешь?

—Понимаю, — говорю.

Снова сел за уроки. Через минуту звонок. Я взял трубку, а там что-то жужжит:

«Жжу-у-у-у!»

— Алло, — кричу я.

«Жуу-у! Жжу-у!»

— Чем ты там жужжишь?

— Мухой.

— Какой мухой?

— Ну, простой мухой. Я её держу перед трубкой, а она крылышками машет и жужжит.

Целый вечер мы с Мишкой звонили друг другу и выдумывали разные фокусы: пели, кричали, рычали, мычали, даже шёпотом разговаривали — всё было слышно. Уроки я кончил поздно и думаю:

«Позвоню ещё раз Мишке, перед тем как лечь спать».

Позвонил, а он не отвечает.

«Что же это? — думаю. — Неужели телефон испортился?»

Позвонил ещё раз — опять нет ответа! Думаю:

«Надо пойти узнать, в чём дело».

Прибегаю к нему... Батюшки! Он телефон положил на стол и ломает. Батарею из аппарата вытащил, звонок разобрал и уже трубку развинчивает.

— Стой! — говорю. — Ты зачем телефон ломаешь?

— Да я не ломаю. Я только хочу посмотреть, как он устроен. Разберу, а потом соберу обратно.

— Так разве ты соберёшь? Это понимать надо.

— Ну я и понимаю. Чего тут ещё не понимать!

Он развинтил трубку, вынул из неё какие-то железки и стал отковыривать круглую пластинку, которая внутри была. Пластинка вырвалась, и из трубки посыпался чёрный порошок. Мишка испугался и стал собирать порошок обратно в трубку.

—Ну, вот видишь, — говорю, — что ты наделал!

—Ничего, — говорит, — я сейчас соберу всё, как было.

И стал собирать. Возился, возился... Винтики маленькие, завинчивать трудно. Наконец собрал трубку, только железка у него одна осталась и два винтика лишних.

—А это откуда — железка? — спрашиваю.

—Ах я разиня! — говорит Мишка. — Забыл! Её надо было там внутри привинтить. Придётся снова разбирать трубку.

—Ну, — говорю, — я пойду домой, а ты, как только будет готово, позвони мне.

Пошёл я домой и стал ждать. Ждал, ждал, так ничего не дождался и спать лёг.

Наутро телефон как зазвонит! Я вскочил неодетый, схватил трубку и кричу:

—Слушаю!

А из трубки в ответ:

—Ты чего хрюкаешь?

—Как это хрюкаю? Я не хрюкаю, — говорю я.

—Брось хрюкать! Говори по-человечески! — кричит Мишка.

—Я и говорю по-человечески. Зачем мне хрюкать?

—Ну, довольно тебе баловаться! Всё равно я не поверю, что ты поросёнка в комнату притащил.

—Да говорят же тебе, что никакого поросёнка нет! — рассердился я.

Мишка замолчал. Через минуту приходит ко мне:

—Ты чего хрюкал по телефону?

—Я не хрюкал.

—Я ведь слышал.

—Да зачем же мне хрюкать?

—Не знаю, — говорит. — Только у меня в трубке всё «хрю-хрю» да «хрю-хрю». Вот пойди, если не веришь, послушай.

Я пошёл к нему и позвонил по телефону:

—Алло!

Сначала ничего не было слышно, а потом потихоньку так:

«Хрюк! Хрюк! Хрюк!»

Я говорю:

—Хрюкает.

А в ответ снова:

«Хрюк! Хрюк! Хрюк!»

—Хрюкает! — кричу я.

А из трубки опять:

«Хрюк! Хрюк! Хрюк! Хрюк!»

Тут я понял, в чём дело, и побежал к Мишке.

—Это ты, — говорю, — телефон испортил!

—Почему?

—Ты разбирал его, вот и испортил у себя в трубке что-то.

—Наверно, я что-нибудь неправильно собрал, — говорит Мишка. — Надо исправить.

—Как же теперь исправишь?

—А я посмотрю, как твой телефон устроен, и свой сделаю так же.

—Не дам я свой телефон разбирать!

—Да ты не бойся! Я осторожно. Надо же починить!

И стал чинить. Возился, возился — и починил так, что совсем ничего не стало слышно. Даже хрюкать перестало.

—Ну, что теперь делать? — спрашиваю я.

—Знаешь, — говорит Мишка, — пойдём в магазин, может быть, там починят.

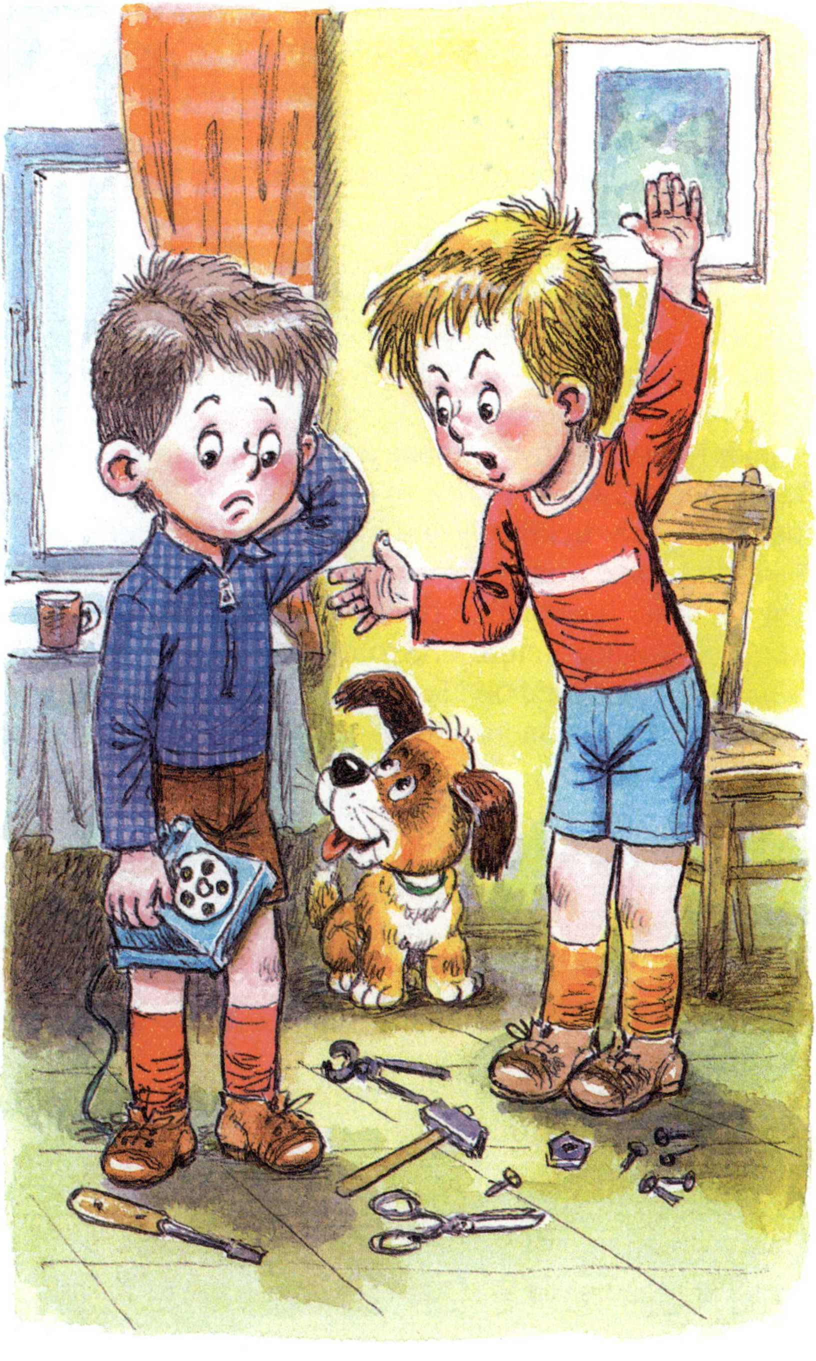

Пошли мы в игрушечный магазин, но там телефонов не чинили и даже не знали, где чинят. Целый день мы ходили скучные. Вдруг Мишка придумал:

—Чудаки мы! Ведь мы можем по телеграфу переговариваться!

—Как — по телеграфу?

—Очень просто: точка, тире. Звонок-то ведь действует! Короткий звонок — точка, а длинный — тире. Выучим азбуку Морзе и будем переговариваться!

Достали мы азбуку Морзе и стали учить: «А» — точка, тире; «Б» — тире, три точки; «В» — точка, два тире... Выучили всю азбуку и стали переговариваться. Сначала у нас получалось медленно, а потом мы научились, как настоящие телеграфисты: «трень-трень-трень!» — и всё понятно. Это даже интереснее было, чем простой телефон. Только это продолжалось недолго. Один раз звоню Мишке утром, а он не отвечает. «Ну, — думаю, — спит ещё». Позвонил позже — опять не отвечает. Пошёл к нему и стучу в дверь. Мишка открыл и говорит:

—Ты чего в дверь барабанишь? Не видишь, что ли? — И показывает на двери кнопку.

—Что это? — спрашиваю.

—Кнопка.

—Какая?

—Электрическая. У нас теперь электрический звонок есть, так что можешь звонить.

—Где ты взял?

—Сам сделал.

—Из чего?

—Из телефона.

—Как — из телефона?

— Очень просто. Звонок из телефона выдрал, кнопку — тоже. И батарею из телефона вынул. Была игрушка — стала вещь!

— Какое же ты имел право телефон разбирать? — говорю я.

— Какое право! Я свой телефон разобрал. Твоего ведь не трогал.

— Так телефон-то наш общий! Если бы я знал, что ты станешь ломать, то и не стал бы с тобой покупать! Зачем мне телефон, если разговаривать не с кем!

— А зачем нам разговаривать? Небось недалеко живём, можно и так прийти поговорить.

— Я с тобой и разговаривать после этого не хочу!

Рассердился я на него и три дня с ним не разговаривал. От скуки и я свой телефон разобрал и сделал из него электрический звонок. Только не так, как у Мишки. Я всё аккуратно устроил. Батарею поставил возле двери на полочке, от неё по стене провода

51

протянул к электрическому звонку и кнопке. А кнопку к двери хорошенько винтиками привинтил, чтоб она не болталась на одном гвозде, как у Мишки. Даже папа и мама похвалили меня за то, что я устроил такую полезную вещь в доме.

Я пошёл к Мишке, чтобы рассказать ему, что у меня теперь тоже электрический звонок есть.

Подхожу к двери, звоню... Нажимал кнопку, нажимал — никто не отворяет. «Может быть, звонок испортился?» — думаю. Стал в дверь стучать. Мишка открыл. Я спрашиваю:

—Что же звонок, не действует?
—Не действует.
—Почему?
—Да я батарею разобрал.
—Зачем?
—Ну, я хотел посмотреть, из чего батарея сделана.
—Как же, — говорю, — ты теперь будешь — без телефона и без звонка?
—Ничего, — вздохнул он, — как-нибудь буду!

Пошёл я домой, а сам думаю: «Почему Мишка такой нескладный? Зачем он всё ломает?!» Мне даже жалко стало его.

Вечером я лёг спать и долго не мог заснуть, всё вспоминал: как у нас был телефон и как из него получился электрический звонок. Потом я стал думать об электричестве, как оно получается в батарее и из чего. Все давно уже спали, а я всё думал про это и никак не мог заснуть. Тогда я встал, зажёг лампу, снял с полки батарею и разломал её. В батарее оказалась какая-то жидкость, в которой мокла чёрная палка, завёрнутая в тряпочку. Я понял, что электричество получалось из этой жидкости. Потом лёг в постель и быстро заснул.

ТУК-ТУК-ТУК

Мы втроём — я, Мишка и Костя — приехали в пионерлагерь на день раньше всего отряда. У нас было задание: украсить помещение к приезду ребят. Мы сами просили нашего вожатого Витю отправить нас вперёд. Нам очень хотелось поскорей в лагерь.

Витя согласился и сам поехал с нами. Когда мы приехали, в доме уже заканчивалась уборка. Мы развесили на стенах плакаты, картины, которые привезли с собой, потом нарезали из разноцветной бумаги флажков, нанизали их на верёвочки и повесили под потолком. Потом нарвали в поле цветов, наделали из них букетов и расставили на окнах в банках с водой. Хорошо получилось!

Вечером вожатый Витя уехал обратно в город. Марья Максимовна, лагерный сторож, которая жила рядом в маленьком домике, сказала, чтобы мы шли ночевать к ней, но мы не захотели. Мишка сказал, что мы ничего не боимся и будем ночевать одни в доме.

Марья Максимовна ушла, а мы поставили во дворе самовар, сели на крылечке и отдыхали. Хорошо было в лагере! Возле самого дома росли высокие рябины, а вдоль забора — огромные старые липы. На них множество круглых вороньих гнёзд.

Вороны кружились над липами и громко кричали. В воздухе гудели майские жуки. Они носились в разные стороны, налетали на стены дома и шлёпались на землю. Мишка подбирал их и складывал в коробочку.

А потом солнышко скрылось за лесом, и облака на небе вспыхнули красным пламенем. Так красиво стало! Если бы у меня были краски, я бы тут же нарисовал картину: вверху красные облака, а внизу наш самовар. А от самовара поднимается дым прямо к облакам, как из пароходной трубы.

Потом облака потухли и стали серые, как будто горы. Всё переменилось вокруг. Нам даже стало казаться, что мы попали каким-то чудом в другие края.

Самовар вскипел. Мы перенесли его в комнату, зажгли лампу и сели пить чай. В окно налетели ночные бабочки; они кружились вокруг лампы, будто плясали. Всё было как-то необыкновенно. Тихо так, только самовар на столе шумит. Мы сидим и чай пьём, сами себе хозяева.

После чая Мишка запер на крючок дверь и ещё верёвкой за ручку привязал.

— Чтоб не забрались разбойники, — говорит.

— Не бойся, — говорим мы, — никто не заберётся.

— Я не боюсь. Так, на всякий случай. И ставни надо закрыть.

Мы посмеялись над ним, но ставни всё-таки закрыли, на всякий случай, и стали укладываться спать. Сдвинули три кровати вместе, чтоб удобнее было разговаривать.

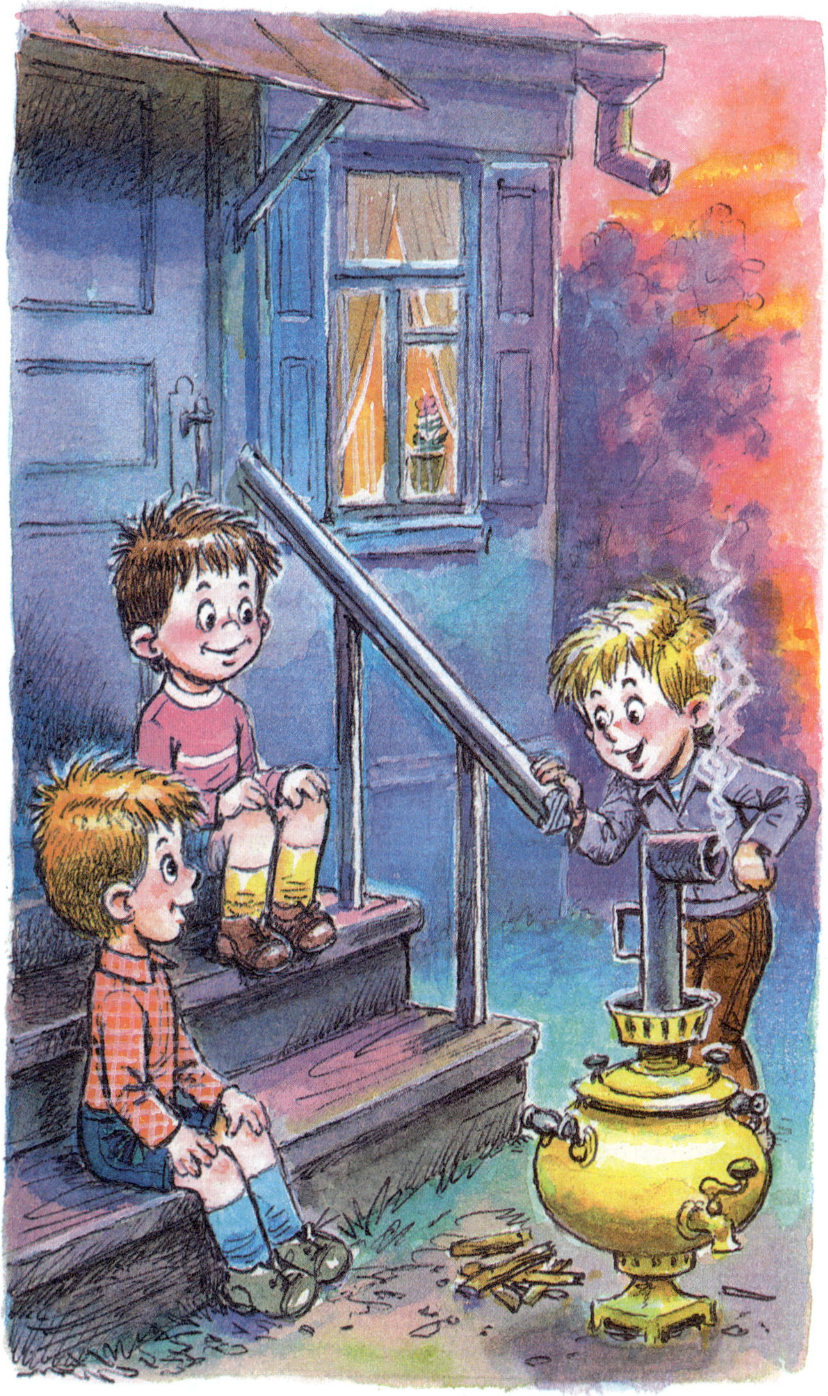

Мишка стал просить пустить его в середину. Костя говорит:

— Ты, видно, хочешь, чтоб разбойники сначала нас убили, а потом только до тебя добрались. Ну ладно, ложись.

Пустили его в середину. Но он всё равно, должно быть, боялся: взял в кухне топор и сунул его себе под подушку. Мы с Костей чуть со смеху не лопнули.

— Ты только нас не заруби по ошибке, — говорим. — А то примешь нас за разбойников и тяпнешь по голове топором.

— Не бойтесь, — говорит Мишка, — не тяпну!

Потушили мы лампу и стали в темноте рассказывать друг другу сказки. Сначала рассказал Мишка, потом я, а когда очередь дошла до Кости, он начал какую-то длинную страшную сказку про колдунов, про ведьм, про чертей и про Кощея Бессмертного. Мишка от страха закутался с головой в одеяло и стал просить Костю не рассказывать больше эту сказку. А Костя, чтоб попугать Мишку, принялся ещё кулаками по стене стучать и говорить, что это черти стучат. Мне самому сделалось страшно, и я сказал Косте, чтоб он перестал.

Наконец Костя унялся. Мишка успокоился и уснул. Стало тихо. Мы с Костей почему-то долго не могли уснуть. Лежим, прислушиваемся, как Мишкины жуки в коробке шуршат.

— Темно, как в погребе! — сказал Костя.

— Это потому что ставни закрыты, — говорю я.

— А всё-таки мы храбрые! Не боимся одни ночевать! — говорит Костя.

Скоро чуточку посветлело. Стали видны щели в ставнях.

— Наверно, уже рассвет, — говорит Костя. — Те-

перь ночи совсем короткие.
—А может быть, луна взошла?
Наконец я задремал. Вдруг слышу сквозь сон:
Тук-тук-тук!
Я проснулся. Мишка и Костя спят. Я разбудил Костю.
—Кто-то стучит, — говорю.
—Кто же может стучать?
—А вот послушай.
Прислушались мы. Тихо. Потом снова:
Тук-тук-тук!
—В дверь стучат, — говорит Костя. — Кто же это?
Подождали мы. Не стучат больше.
«Может быть, показалось», — думаем.
Вдруг опять:
Тук-тук-тук! Тук-тук-тук!
—Тише, — шепчет Костя, — не надо отзываться. Может быть, постучит и уйдёт.
Подождали. Вдруг снова:
Тук-тук-тук! Тра-та-та-та!
—Ах, чтоб тебя разорвало! Не уходит! — говорит Костя.
—Может быть, это из города кто-нибудь приехал? — говорю я.
—Зачем же в такую поздноту ездить? Подождём. Если постучат ещё, спросим.
Ждём. Никого нет.
—Наверно, ушёл, — говорит Костя.
Только мы было успокоились, вдруг снова:
Тра-та-та-та!
Я подскочил в постели от неожиданности.
—Пойдём, — говорю, — спросим.
—Пойдём.
Подкрались мы к двери.
—Кто там? — спрашивает Костя.

Тихо. Никто не отвечает.

—Кто там?

Молчит.

—Кто там?

Никакого ответа.

—Наверно, ушёл, — говорю я.

Пошли мы обратно. Только отошли от двери:

Тук-тук-тук! Трах-та-тах!

Бросились снова к дверям:

—Кто там?

Молчит.

—Что он, глухой, что ли? — говорит Костя.

Стоим мы, прислушиваемся. За дверью будто об стенку кто-то трётся.

—Кто там?

Ничего не отвечает.

Отошли мы от двери. Вдруг снова:

Тук-тук-тук!

Забрались мы на кровать и дышать боимся. Сидели, сидели — не стучит больше. Легли. Думаем, не будет больше стучать.

Тихо. Вдруг слышим — шуршит по крыше. И вдруг по железу:

Бух-бух-бух! Трах!

—На крышу забрался! — прошептал Костя.

Вдруг с другой стороны:

Бум-бум-бум! Бах!

—Да тут не один, а двое! — говорю я. — Что ж это они, крышу разобрать хотят?

Вскочили мы с кроватей, закрыли дверь в соседнюю комнату, откуда был ход на чердак. К двери стол придвинули и ещё другим столом и кроватью подпёрли. А на крыше всё стучат: то один, то другой, то вместе разом. И ещё третий к ним прибавился. И ещё кто-то снова в дверь колотить начал.

—Может быть, это кто-нибудь нарочно, чтоб напугать нас, — говорю я.

—Выйти, — говорит Костя, — да накостылять им по шее, чтоб не мешали спать!

—Ещё нам, — говорю, — накостыляют. Вдруг их там человек двадцать!

—А может, это и не люди!

—А кто же?

—Черти какие-нибудь.

—Брось, — говорю, — сказки рассказывать! И без сказок страшно!

А Мишка спит и ничего не слышит. Ему хоть бы что!

—Может быть, разбудить его? — спрашиваю.

—Не надо. Пусть пока спит, — говорит Костя. — Знаешь, какой он трус. До смерти перепугается.

Устали мы, прямо с ног валимся. Спать хочется! Костя забрался в постель и говорит:

—Надоела мне вся эта музыка! Пусть там себе хоть головы расшибут на крыше. Очень мне нужно обращать внимание.

Я вытащил у Мишки из-под подушки топор, положил его рядом с собой в кровать и тоже прилёг отдохнуть. Стук на крыше становился всё чаще и тише. Мне стало казаться, что это дождь по крыше стучит, и я не заметил, как снова уснул.

Утром просыпаемся от страшного стука. Во дворе шум и крик.

Я схватил топор, подбежал к двери.

—Кто там? — спрашиваю.

И вдруг слышу голос Вити, вожатого:

—Откройте, ребята! Что там с вами случилось? Полчаса достучаться не можем.

Я открыл дверь. Все ребята гурьбой ввалились в комнату. Витя увидел топор.

— Зачем топор? — спрашивает. — И что у вас за разгром такой?

Мы с Костей стали рассказывать, что здесь ночью случилось. Но никто нам не верил, все смеялись над нами и говорили, что это нам с перепугу показалось. Мы с Костей чуть не плакали от обиды. Вдруг сверху послышался стук.

— Тише! — закричал Костя и поднял палец кверху.

Ребята умолкли и стали прислушиваться.

Тук-тук-тук! — стучало что-то по крыше.

Ребята застыли от удивления. Мы с Костей открыли дверь и потихоньку вышли во двор. Все пошли за нами. Мы отошли от дома в сторону и взглянули на крышу. Там сидела обыкновенная ворона и что-то клевала.

Тук-тук-тук! Бух-бух! — стучала она по железу клювом.

Ребята увидели ворону и расхохотались так громко, что ворона захлопала крыльями и улетела. Ребята сейчас же притащили лестницу; несколько человек забрались на крышу посмотреть, что там клевала ворона.

— Здесь прошлогодние ягоды рябины лежат. Наверно, вороны клюют их и стучат по крыше! — закричали ребята.

— Откуда же здесь ягоды рябины берутся? — говорим мы.

— Да тут ведь вокруг рябины растут. Вот ягоды прямо на крышу и падают.

— Постойте, а в дверь-то кто стучал? — говорю я.

— Да, — говорит Костя, — зачем это воронам понадобилось в дверь стучать? Вы ещё скажете, что вороны нарочно в дверь стучали, чтоб мы их переночевать пустили.

На это никто не мог ничего ответить. Все побежали на крыльцо и стали осматривать дверь. Витя поднял с крыльца ягоду и сказал:

— Они и не стучали в дверь. Они клевали на крыльце ягоды, а вам показалось, что стучат в дверь.

Мы посмотрели: на крыльце валялось несколько ягод рябины.

— Храбрецы! — смеялись над нами ребята. — Втроём испугались вороны!

— И совсем не втроём, а вдвоём, — говорю я, — Мишка спал как убитый и ничего не слышал.

— Молодец, Мишка! — закричали ребята. — Значит, ты один не боялся вороны?

— Я ничего не боялся, — ответил Мишка. — Я спал и ничего не знаю.

С тех пор все считают Мишку храбрецом, а нас с Костей трусами.

МИШКИНА КАША

Один раз, когда я жил с мамой на даче, ко мне в гости приехал Мишка. Я так обрадовался, что и сказать нельзя! Я очень по Мишке соскучился. Мама тоже была рада его приезду.

— Это очень хорошо, что ты приехал, — сказала она. — Вам вдвоём здесь веселей будет. Мне, кстати, завтра надо в город поехать. Я, может быть, задержусь. Проживёте тут без меня два дня?

— Конечно, проживём, — говорю я. — Мы не маленькие!

— Только вам тут придётся самим обед готовить. Сумеете?

— Сумеем, — говорит Мишка. — Чего там не суметь!

— Ну, сварите суп и кашу. Кашу ведь просто варить.

— Сварим и кашу. Чего там её варить! — говорит Мишка.

Я говорю:

— Ты смотри, Мишка, а вдруг не сумеем! Ты ведь не варил раньше.

— Не беспокойся! Я видел, как мама варит. Сыт будешь, не помрёшь с голоду. Я такую кашу сварю, что пальцы оближешь!

Наутро мама оставила нам хлеба на два дня, варенья, чтобы мы чай пили, показала, где какие продукты лежат, объяснила, как варить суп и кашу, сколько крупы положить, сколько чего. Мы всё слушали, только я ничего не запомнил. «Зачем, — думаю, — раз Мишка знает».

Потом мама уехала, а мы с Мишкой решили пойти на реку рыбу ловить. Наладили удочки, накопали червей.

— Постой, — говорю я. — А обед кто будет варить, если мы на реку уйдём?

— Чего там варить! — говорит Мишка. — Одна возня! Съедим весь хлеб, а на ужин сварим кашу. Кашу можно без хлеба есть.

Нарезали мы хлеба, намазали его вареньем и пошли на реку. Сначала выкупались, потом разлеглись на песке. Греемся на солнышке и хлеб с вареньем жуём. Потом стали рыбу ловить. Только рыба плохо клевала: поймали всего с десяток пескариков. Целый день мы на реке проболтались. К вечеру вернулись домой. Голодные!

— Ну, Мишка, — говорю, — ты специалист. Что варить будем? Только такое, чтоб побыстрей. Есть очень хочется.

— Давай кашу, — говорит Мишка. — Кашу проще всего.

— Ну что ж, кашу так кашу.

Растопили плиту. Мишка насыпал в кастрюлю крупы. Я говорю:

— Сыпь побольше. Есть очень хочется!

Он насыпал полную кастрюлю и воды налил доверху.

— Не много ли воды? — спрашиваю. — Размазня получится.

— Ничего, мама всегда так делает. Ты только за печкой смотри, а я уж сварю, будь спокоен.

Ну, я за печкой смотрю, дрова подкладываю, а Мишка кашу варит, то есть не варит, а сидит да на кастрюлю смотрит, она сама варится.

Скоро стемнело, мы зажгли лампу. Сидим и ждём, когда каша сварится. Вдруг смотрю: крышка на кастрюле приподнялась и из-под неё каша лезет.

— Мишка, — говорю, — что это? Почему каша лезет?

— Куда?

— Шут её знает куда! Из кастрюли лезет!

Мишка схватил ложку и стал кашу обратно в кастрюлю впихивать. Мял её, мял, а она будто пухнет в кастрюле, так и вываливается наружу.

— Не знаю, — говорит Мишка, — с чего это она вылезать вздумала. Может быть, готова уже?

Я взял ложку, попробовал: крупа совсем твёрдая.

— Мишка, — говорю, — куда же вода девалась? Совсем сухая крупа!

— Не знаю, — говорит. — Я много воды налил. Может быть, дырка в кастрюле?

Стали мы кастрюлю осматривать: никакой дырки нет.

— Наверно, испарилась, — говорит Мишка. — Надо ещё подлить.

Он переложил лишнюю крупу из кастрюли в тарелку и подлил в кастрюлю воды. Стали варить дальше. Варили, варили — смотрим, опять каша наружу лезет.

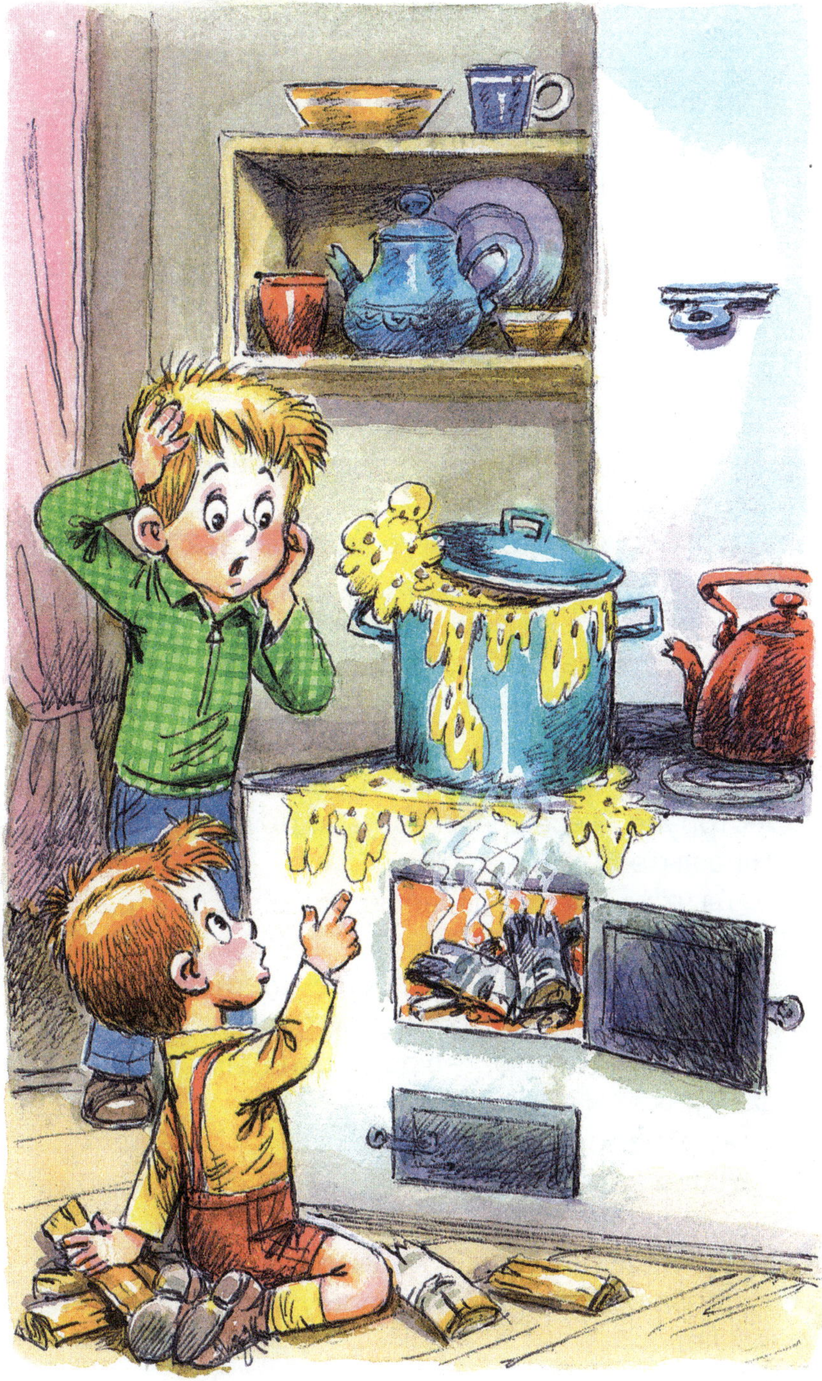

—Ах, чтоб тебя! — говорит Мишка. — Куда же ты лезешь?

Схватил ложку, опять стал лишнюю крупу откладывать. Отложил и снова бух туда кружку воды.

—Вот видишь, — говорит, — ты думал, что воды много, а её ещё подливать приходится.

Варим дальше. Что за комедия! Опять вылезает каша. Я говорю:

—Ты, наверно, много крупы положил. Она разбухает, и ей тесно в кастрюле становится.

—Да, — говорит Мишка, — кажется, я немного много крупы переложил. Это всё ты виноват: «Клади, говорит, побольше. Есть хочется!»

—А откуда я знаю, сколько надо класть? Ты ведь говорил, что умеешь варить.

—Ну и сварю, не мешай только.

—Пожалуйста, не буду тебе мешать.

Отошёл я в сторонку, а Мишка варит, то есть не варит, а только и делает, что лишнюю крупу в тарелки перекладывает. Весь стол уставил тарелками, как в ресторане, и всё время воды подливает.

Я не вытерпел и говорю:

—Ты что-то не так делаешь. Так ведь до утра можно варить!

—А что ты думаешь, в хорошем ресторане всегда обед с вечера варят, чтоб наутро поспел.

—Так то, — говорю, — в ресторане! Им спешить некуда, у них еды много всякой.

—А нам-то куда спешить?

—Нам надо поесть да спать ложиться. Смотри, скоро двенадцать часов.

—Успеешь, — говорит, — выспаться.

И снова бух в кастрюлю кружку воды. Тут я понял, в чём дело.

—Ты, — говорю, — всё время холодную воду льёшь, как же она может свариться!
—А как, по-твоему, без воды, что ли, варить?
—Выложить, — говорю, — половину крупы и налить воды сразу побольше, и пусть себе варится.
Взял я у него кастрюлю, вытряхнул из неё половину крупы.
—Наливай, — говорю, — теперь воды доверху.
Мишка взял кружку, полез в ведро.
—Нету, — говорит, — воды. Вся вышла.
—Что же мы делать будем? Как за водой идти, темнота какая! — говорю. — И колодца не увидишь.
—Чепуха! Сейчас принесу.
Он взял спички, привязал к ведру верёвку и пошёл к колодцу. Через минуту возвращается.
—А вода где? — спрашиваю.
—Вода... там, в колодце.
—Сам знаю, что в колодце. Где ведро с водой?
—И ведро, — говорит, — в колодце.
—Как — в колодце?
—Так, в колодце.
—Упустил?
—Упустил.
—Ах ты, — говорю, — размазня! Ты что ж, нас уморить голодом хочешь? Чем теперь воды достать?
—Чайником можно.
Я взял чайник и говорю:
—Давай верёвку.
—А её нет, верёвки.
—Где же она?
—Там.
—Где — там?
—Ну... в колодце.
—Так ты, значит, с верёвкой ведро упустил?

67

—Ну да.

Стали мы другую верёвку искать. Нет нигде.

—Ничего, — говорит Мишка, — сейчас пойду попрошу у соседей.

—С ума, — говорю, — сошёл! Ты посмотри на часы: соседи спят давно.

Тут, как нарочно, обоим нам пить захотелось; кажется, сто рублей за кружку воды отдал бы!

Мишка говорит:

—Это всегда так бывает: когда нет воды, так ещё больше пить хочется. Поэтому в пустыне всегда пить хочется, потому что там нет воды.

Я говорю:

—Ты не рассуждай, а ищи верёвку.

—Где же её искать? Я везде смотрел. Давай леску от удочки привяжем к чайнику.

—А леска выдержит?

—Может быть, выдержит.

—А если не выдержит?

—Ну, если не выдержит, то... оборвётся...

—Это и без тебя известно.

Размотали мы удочку, привязали к чайнику леску и пошли к колодцу. Я опустил чайник в колодец и набрал воды. Леска натянулась, как струна, вот-вот лопнет.

—Не выдержит! — говорю. — Я чувствую.

—Может быть, если поднимать осторожно, то выдержит, — говорит Мишка.

Стал я поднимать потихоньку. Только приподнял над водой, плюх — и нет чайника.

—Не выдержала? — спрашивает Мишка.

—Конечно, не выдержала. Чем теперь доставать воду?

—Самоваром, — говорит Мишка.

— Нет, уж лучше самовар просто бросить в колодец, по крайней мере возиться не надо. Верёвки-то нет.

— Ну, кастрюлей.

— Что у нас, — говорю, — по-твоему, кастрюльный магазин?

— Тогда стаканом.

— Это сколько придётся возиться, пока стаканом воды наносишь!

— Что же делать? Надо ведь кашу доваривать. И пить до зарезу хочется.

—Давай, — говорю, — кружкой. Кружка всё-таки больше стакана.

Пришли домой, привязали леску к кружке так, чтоб она не переворачивалась. Вернулись к колодцу. Вытащили по кружке воды, напились. Мишка говорит:

—Это всегда так бывает. Когда пить хочется, так кажется, что целое море выпьешь, а когда станешь пить, так одну кружку выпьешь и больше уже не хочется, потому что люди от природы жадные...

Я говорю:

—Нечего тут на людей наговаривать! Тащи лучше кастрюлю с кашей сюда, мы прямо в неё воды натаскаем, чтоб не бегать двадцать раз с кружкой.

Мишка принёс кастрюлю и поставил на край колодца. Я её не заметил, зацепил локтем и чуть не столкнул в колодец.

—Ах ты растяпа! — говорю. — Зачем мне кастрюлю под локоть сунул? Возьми её в руки и держи крепче. И отойди от колодца подальше, а не то и каша полетит в колодец.

Мишка взял кастрюлю и отошёл от колодца. Я натаскал воды.

Пришли мы домой. Каша у нас остыла, печь погасла. Растопили мы снова печь и опять принялись кашу варить. Наконец она у нас закипела, сделалась густая и стала пыхтеть. «Пых, пых!»

—О! — говорит Мишка. — Хорошая каша получилась, знатная!

Я взял ложку, попробовал:

—Тьфу! Что это за каша! Горькая, несолёная и воняет гарью.

Мишка тоже хотел попробовать, но тут же выплюнул.

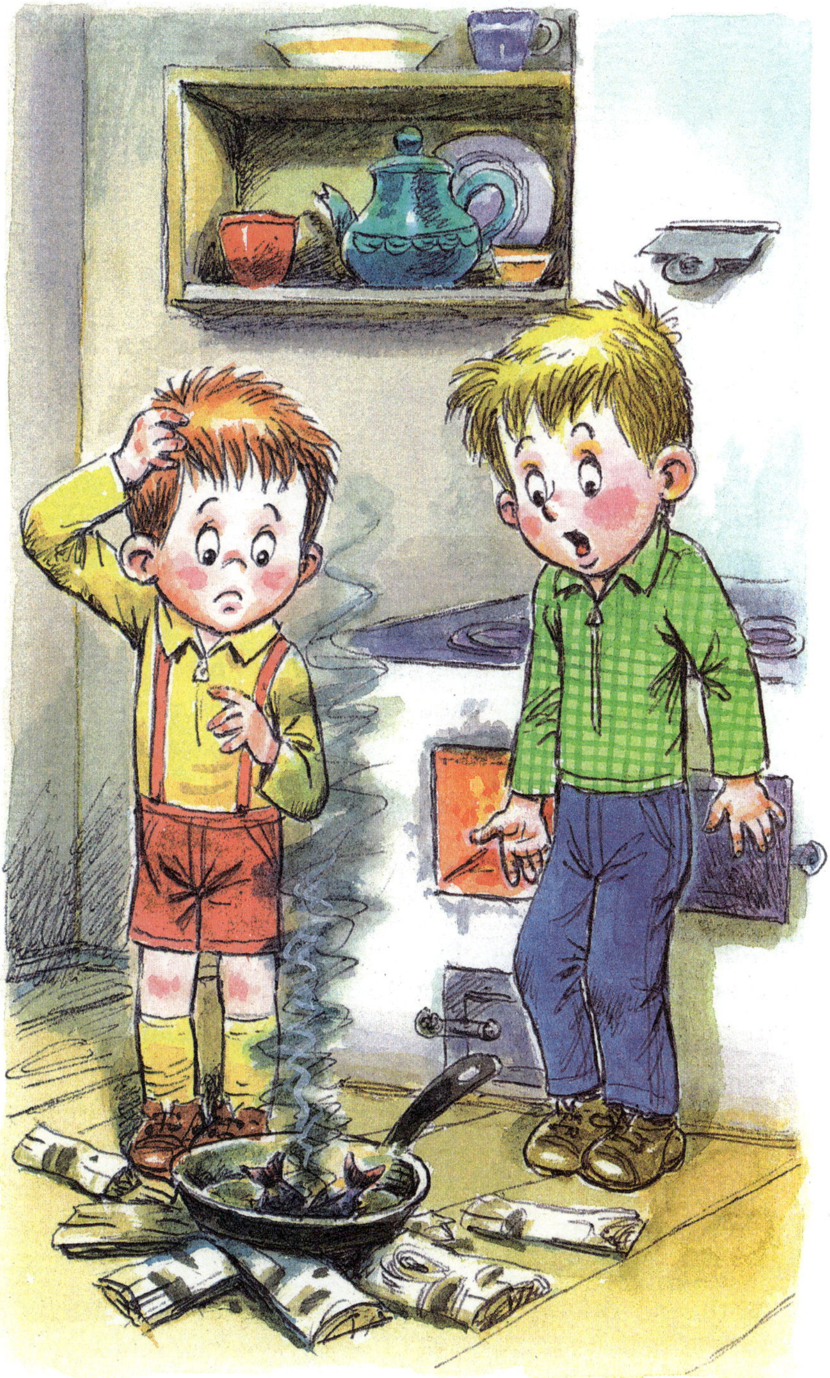

— Нет, — говорит, — умирать буду, а такую кашу не стану есть!

— Такой каши наешься, и умереть можно! — говорю я.

— Что ж делать?

— Не знаю.

— Чудаки мы! — говорит Мишка. — У нас же пескари есть!

Я говорю:

— Некогда теперь уже с пескарями возиться! Скоро светать начнёт.

— Так мы их варить не будем, а зажарим. Это ведь быстро — раз, и готово.

— Ну давай, — говорю, — если быстро. А если будет как каша, то лучше не надо.

— В один момент, вот увидишь.

Мишка почистил пескарей и положил на сковородку. Сковородка нагрелась, пескари и прилипли к ней. Мишка стал отдирать пескарей от сковородки ножом, все бока ободрал им.

— Умник! — говорю. — Кто же рыбу без масла жарит!

Мишка взял бутылку с подсолнечным маслом. Налил масла на сковородку и сунул в печь прямо на горячие угли, чтоб поскорее зажарились. Масло зашипело, затрещало и вдруг вспыхнуло на сковородке пламенем. Мишка вытащил сковородку из печки — масло на ней пылает. Я хотел водой залить, а воды у нас во всём доме ни капли нет. Так оно и горело, пока всё масло не выгорело. В комнате дым и смрад, а от пескарей одни угольки остались.

— Ну, — говорит Мишка, — что теперь жарить будем?

—Нет, — говорю я, — больше я тебе ничего жарить не дам. Мало того, что ты продукты испортишь, так ты ещё пожар устроишь. Из-за тебя весь дом сгорит. Довольно!

—Что же делать? Есть-то ведь хочется!

Попробовали мы сырую крупу жевать — противно. Попробовали сырой лук — горько. Масло попробовали без хлеба есть — тошно. Нашли банку из-под варенья. Ну, мы её вылизали и легли спать. Уже совсем поздно было.

Наутро проснулись голодные. Мишка сразу полез за крупой, чтоб варить кашу. Я как увидел, так меня даже в дрожь бросило.

—Не смей! — говорю. — Сейчас я пойду к хозяйке, тёте Наташе, попрошу, чтобы она нам кашу сварила.

Мы пошли к тёте Наташе, рассказали ей всё, обещали, что мы с Мишкой все сорняки у неё на огороде выполем, только пусть она поможет нам кашу сварить. Тётя Наташа сжалилась над нами: напоила нас молоком, дала пирогов с капустой, а потом усадила завтракать. Мы всё ели и ели, так что тёти Наташин Вовка на нас удивлялся, какие мы голодные были.

Наконец мы наелись, попросили у тёти Наташи верёвку и пошли доставать из колодца ведро и чайник. Много мы провозились и, если бы Мишка не придумал подкову к верёвке привязать, так бы ничего и не достали. А подковой, как крючком, подцепили и ведро, и чайник. Ничего не пропало — всё вытащили. А потом мы с Мишкой и Вовкой сорняки на огороде пололи.

Мишка говорил:

—Сорняки — это чепуха! Совсем нетрудное дело. Гораздо легче, чем кашу варить!

ФАНТАЗЕРЫ

Мишутка и Стасик сидели в саду на скамеечке и разговаривали. Только они разговаривали не просто, как другие ребята, а рассказывали друг другу разные небылицы, будто пошли на спор, кто кого переврёт.

— Сколько тебе лет? — спрашивает Мишутка.
— Девяносто пять. А тебе?
— А мне сто сорок. Знаешь, — говорит Мишутка, — раньше я был большой-большой, как дядя Боря, а потом сделался маленький.
— А я, — говорит Стасик, — сначала был маленький, а потом вырос большой, а потом снова стал маленький, а теперь опять скоро буду большой.
— А я, когда был большой, всю реку мог переплыть, — говорит Мишутка.
— У! А я море мог переплыть!
— Подумаешь — море! Я океан переплывал!
— А я раньше летать умел!
— А ну, полети!
— Сейчас не могу: разучился.

—А я один раз купался в море, — говорит Мишутка, — и на меня напала акула. Я её бац кулаком, а она меня цап за голову — и откусила.

— Врёшь!
— Нет, правда!
— Почему же ты не умер?
— А зачем мне умирать? Я выплыл на берег и пошёл домой.
— Без головы?
— Конечно, без головы. Зачем мне голова?
— Как же ты шёл без головы?
— Так и шёл. Будто без головы ходить нельзя!

—Почему же ты теперь с головой?
—Другая выросла.
«Ловко придумал!» — позавидовал Стасик. Ему хотелось соврать получше Мишутки.
—Ну, это что! — сказал он. — Вот я раз был в Африке, и меня там крокодил съел!
—Вот так соврал! — рассмеялся Мишутка.
—Вовсе нет.
—Почему же ты теперь живой?
—Так он же меня потом выплюнул.
Мишутка задумался. Ему хотелось переврать Стасика. Он думал, думал, наконец говорит:
—Один раз я шёл по улице. Кругом трамваи, автомобили, грузовики...
—Знаю, знаю! — закричал Стасик. — Сейчас расскажешь, как тебя трамвай переехал. Ты уже врал про это.
—Ничего подобного. Я не про это.
—Ну ладно. Ври дальше.
—Вот я иду, никого не трогаю. Вдруг навстречу автобус. Я его не заметил, наступил ногой — рраз! — и раздавил в лепёшку.
—Ха-ха-ха! Вот это враки!
—А вот и не враки!
—Как же ты мог раздавить автобус?
—Так он же совсем маленький был, игрушечный. Его мальчишка на верёвочке тащил.
—Ну, это не удивительно, — сказал Стасик. — А я раз на Луну летал.
—Эва, куда махнул! — засмеялся Мишутка.
—Не веришь? Честное слово!
—На чём же ты летал?
—На ракете. На чём ещё на Луну летают? Будто не знаешь сам!
—Что же ты там, на Луне, видел?

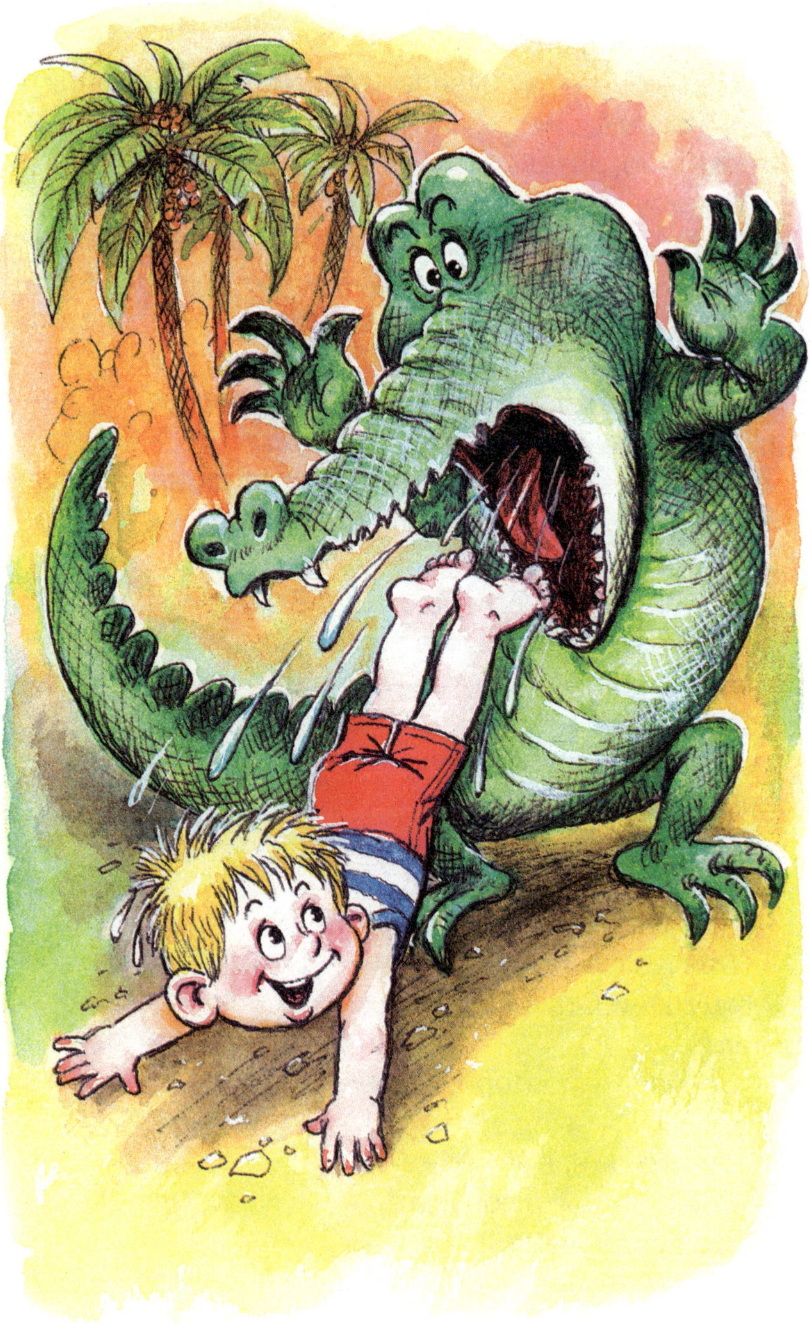

—Ну, что... — замялся Стасик. — Что я там видел? Ничего и не видел.

—Ха-ха-ха! — рассмеялся Мишутка. — А говорит, на Луну летал!

—Конечно, летал.

—Почему же ничего не видел?

—А темно было. Я ведь ночью летал. Во сне. Сел на ракету и как полечу в космическое пространство. У-у-у! А потом как полечу обратно... Летел, летел, а потом бряк о землю... ну и проснулся...

—А-а, — протянул Мишутка. — Так бы сразу и говорил. Я ведь не знал, что ты — во сне.

Тут пришёл соседский Игорь и сел рядом на скамеечке. Он слушал, слушал Мишутку и Стасика, потом говорит:

—Вот врут-то! И вам не стыдно?

—А чего стыдно? Мы же никого не обманываем, — сказал Стасик. — Просто выдумываем, будто сказки рассказываем.

—Сказки! — презрительно фыркнул Игорь. — Нашли занятие.

—А ты думаешь, легко выдумывать?

—Чего проще!

—Ну выдумай что-нибудь.

—Сейчас... — сказал Игорь. — Пожалуйста.

Мишутка и Стасик обрадовались и приготовились слушать.

—Сейчас, — повторил Игорь. — Э-э-э... гм... кхм... э-э-э...

—Ну, что ты всё «э» да «э»!

—Сейчас! Дайте подумать.

—Ну, думай, думай!

—Э-э-э, — снова сказал Игорь и посмотрел на небо. — Сейчас, сейчас... э-э-э...

—Ну, чего же ты не выдумываешь? Говорил — чего проще!

—Сейчас... Вот! Один раз я дразнил собаку, а она меня цап за ногу и укусила. Вот даже шрам остался.

—Ну и что же ты тут выдумал? — спросил Стасик.

—Ничего. Как было, так и рассказал.

—А говорил — выдумывать мастер!

—Я мастер, да не такой, как вы. Вот вы всё врёте, да без толку, а я вчера соврал, мне от этого польза.

—Какая польза?

—А вот. Вчера вечером мама и папа ушли, а мы с Ирой остались дома. Ира легла спать, а я залез в буфет и съел полбанки варенья. Потом думаю: как бы мне не попало. Взял Ирке губы вареньем намазал. Мама пришла: «Кто варенье съел?» Я говорю: «Ира». Мама посмотрела, а у неё все губы в варенье. Сегодня утром ей от мамы досталось, а мне мама ещё варенья дала. Вот и польза.

—Значит, из-за тебя другому досталось, а ты и рад! — сказал Мишутка.

—А тебе что?

—Мне ничего. А вот ты этот... как это называется... Брехун! Вот!

—Сами вы брехуны!

—Уходи! Не желаем с тобой на лавочке сидеть.

—Я и сам не стану с вами сидеть.

Игорь встал и ушёл. Мишутка и Стасик тоже пошли домой. По дороге им попалась палатка с мороженым. Они остановились, стали рыться в карманах и считать, сколько у них денег. У обоих набралось только на одну порцию мороженого.

Продавщица дала им мороженое на палочке.

—Пойдём домой, — говорит Мишутка, — разрежем ножом, чтоб было точно.

—Пойдём.

На лестнице они встретили Иру. Глаза у неё были заплаканные.

—Ты чего ревела? — спрашивает Мишутка.

—Меня мама гулять не пускала.

—За что?

—За варенье. А я его и не ела. Это Игорь на меня наговорил. Наверное, сам съел, а на меня свалил.

—Конечно, Игорь съел. Он сам нам хвастался. Ты не плачь. Пойдём, я тебе свою полпорцию мороженого дам, — сказал Мишутка.

—И я тебе свою полпорцию отдам, вот только попробую разочек и отдам, — пообещал Стасик.

—А вы разве не хотите сами?

—Не хотим. Мы уже по десять порций съели сегодня, — сказал Стасик.

—Давайте лучше это мороженое на троих разделим, — предложила Ира.

—Правильно! — сказал Стасик. — А то у тебя заболит горло, если ты одна всю порцию съешь.

Пошли они домой, разделили мороженое на три части.

—Вкусная штука! — сказал Мишутка. — Я очень люблю мороженое. Один раз я съел целое ведро мороженого.

— Ну, ты выдумываешь всё! — засмеялась Ира. — Кто тебе поверит, что ты ведро мороженого съел!

— Так оно ведь совсем маленькое было, вёдрышко! Такое бумажное, не больше стакана...

ЖИВАЯ ШЛЯПА

Шляпа лежала на комоде, котёнок Васька сидел на полу возле комода, а Вовка и Вадик сидели за столом и раскрашивали картинки. Вдруг позади них что-то плюхнулось — упало на пол. Они обернулись и увидели на полу возле комода шляпу.

Вовка подошёл к комоду, нагнулся, хотел поднять шляпу — и вдруг как закричит:

—Ай-ай-ай! — и бегом в сторону.
—Чего ты? — спрашивает Вадик.
—Она жи-жи-живая!
—Кто живая?
—Шля-шля-шля-па.
—Что ты! Разве шляпы бывают живые?
—По-посмотри сам!

Вадик подошёл поближе и стал смотреть на шляпу. Вдруг шляпа поползла прямо к нему. Он как закричит:

—Ай! — и прыг на диван.

Вовка за ним.

81

Шляпа вылезла на середину комнаты и остановилась. Ребята смотрят на неё и трясутся от страха. Тут шляпа повернулась и поползла к дивану.

—Ай! Ой! — закричали ребята.

Соскочили с дивана — и бегом из комнаты. Прибежали на кухню и дверь за собой закрыли.

—Я у-у-хо-хо-жу! — говорит Вовка.

—Куда?

—Пойду к себе домой.

—Почему?

—Шляпы бо-боюсь! Я первый раз вижу, чтоб шляпа по комнате ходила.

—А может быть, её кто-нибудь за верёвочку дёргает?

—Ну, пойди посмотри.

—Пойдём вместе. Я возьму кочергу. Если она к нам полезет, я её кочергой тресну.

—Постой, я тоже кочергу возьму.

—Да у нас другой кочерги нет.

—Ну, я возьму лыжную палку.

Они взяли кочергу и лыжную палку, приоткрыли дверь и заглянули в комнату.

—Где же она? — спрашивает Вадик.

—Вон там, возле стола.

—Сейчас я её как тресну кочергой! — говорит Вадик. — Пусть только подлезет ближе, бродяга такая!

Но шляпа лежала возле стола и не двигалась.

—Ага, испугалась! — обрадовались ребята. — Боится лезть к нам.

—Сейчас я её спугну, — сказал Вадик.

Он стал стучать по полу кочергой и кричать:

—Эй ты, шляпа!

Но шляпа не двигалась.

—Давай наберём картошки и будем в неё картошкой стрелять, — предложил Вовка.

Они вернулись на кухню, набрали из корзины картошки и стали швырять её в шляпу. Швыряли, швыряли, наконец Вадик попал. Шляпа как подскочит кверху!

— Мяу! — закричало что-то.

Глядь, из-под шляпы высунулся серый хвост, потом лапа, а потом и сам котёнок выскочил.

— Васька! — обрадовались ребята.

— Наверно, он сидел на полу, а шляпа на него с комода упала, — догадался Вовка.

Вадик схватил Ваську и давай его обнимать:

— Васька, миленький, как же ты под шляпу попал?

Но Васька ничего не ответил. Он только фыркал и жмурился от света.

САША

Саша давно просил маму подарить ему пистолет, который стреляет пистонами.

— Зачем тебе такой пистолет? — говорила мама. — Это опасная игрушка.

— Что тут опасного? Если б он пулями стрелял, а то пистонами. Из него всё равно никого не убьёшь.

— Мало ли что может случиться. Пистон отскочит и попадёт тебе в глаз.

— Не попадёт! Я буду зажмуриваться, когда буду стрелять.

— Нет, нет, от этих пистолетов бывают разные неприятные случаи. Ещё выстрелишь да напугаешь кого-нибудь, — сказала мама.

Так и не купила ему пистолета.

А у Саши были две старшие сестры — Маринка и Ирочка. Вот он и стал просить сестёр:

—Миленькие, купите мне пистолетик! Мне очень хочется. За это я всегда буду вас слушаться.

—Ты, Сашка, хитренький! — сказала Марина. — Когда тебе надо, так ты подлизываешься и миленькими называешь, а как только мама уйдёт, с тобой и не сладишь.

—Нет, сладишь, сладишь! Вот увидите, как я буду вести себя хорошо.

—Ладно, — сказала Ира. — Мы с Мариной подумаем. Если обещаешь вести себя хорошо, то, может быть, купим.

—Обещаю, обещаю! Всё обещаю, только купите!

На другой день сёстры подарили ему пистолет и коробку с пистонами. Пистолет был новенький и блестящий, а пистонов было много: штук пятьдесят или сто. Стреляй хоть весь день — не перестреляешь. От радости Саша прыгал по комнате, прижимал пистолет к груди, целовал его и говорил:

—Миленький мой, хорошенький пистолетик! Как я тебя люблю!

Потом он нацарапал на ручке пистолета своё имя и начал стрелять. Сразу запахло пистонами, а через полчаса в комнате стало сине от дыма.

—Довольно тебе стрелять, — сказала наконец Ира. — Я каждый раз вздрагиваю от этих выстрелов.

—Трусиха! — ответил Сашка. — Все девчонки — трусихи!

—Вот отнимем у тебя пистолет, тогда узнаешь, какие мы трусихи, — сказала Марина.

—Сейчас я пойду во двор и буду пугать ребят пистолетом, — заявил Сашка.

Он вышел во двор, но ребят во дворе не было. Тогда он побежал за ворота, и вот тут-то случилась эта история. Как раз в это время по улице шла старушка. Сашка подпустил её поближе — и как бабахнет из пистолета! Старушка вздрогнула и остановилась. Потом говорит:

—Уф, как я испугалась! Это ты тут из пистолета палишь?

—Нет, — сказал Сашка и спрятал пистолет за спину.

—Что же, я не вижу, что у тебя пистолет в руках? Ещё врать вздумал, бессовестный! Вот я пойду заявлю в милицию...

Она погрозила пальцем, перешла на другую сторону улицы и скрылась в переулке.

—Вот так штука! — испугался Саша. — Кажется, на самом деле пошла в милицию жаловаться.

Он, запыхавшись, прибежал домой.

—Чего ты запыхался, будто за тобой волк гонится? — спросила Ира.

—Это я так, просто.

—Нет, ты уж лучше скажи. Сразу видно, что чего-нибудь натворил.

—Да ничего я не натворил — просто так... Напугал бабку какую-то.

—Какую бабку?

—Ну «какую, какую»! Обыкновенную. Просто шла по улице бабушка, а я взял да и выстрелил.

—Зачем же ты выстрелил?

—Сам не знаю. Идёт бабушка. «Дай, думаю, выстрелю». Ну и выстрелил.

—А она что?

—Ничего. Пошла в милицию жаловаться.

—Вот видишь, обещал вести себя хорошо, а сам что наделал!

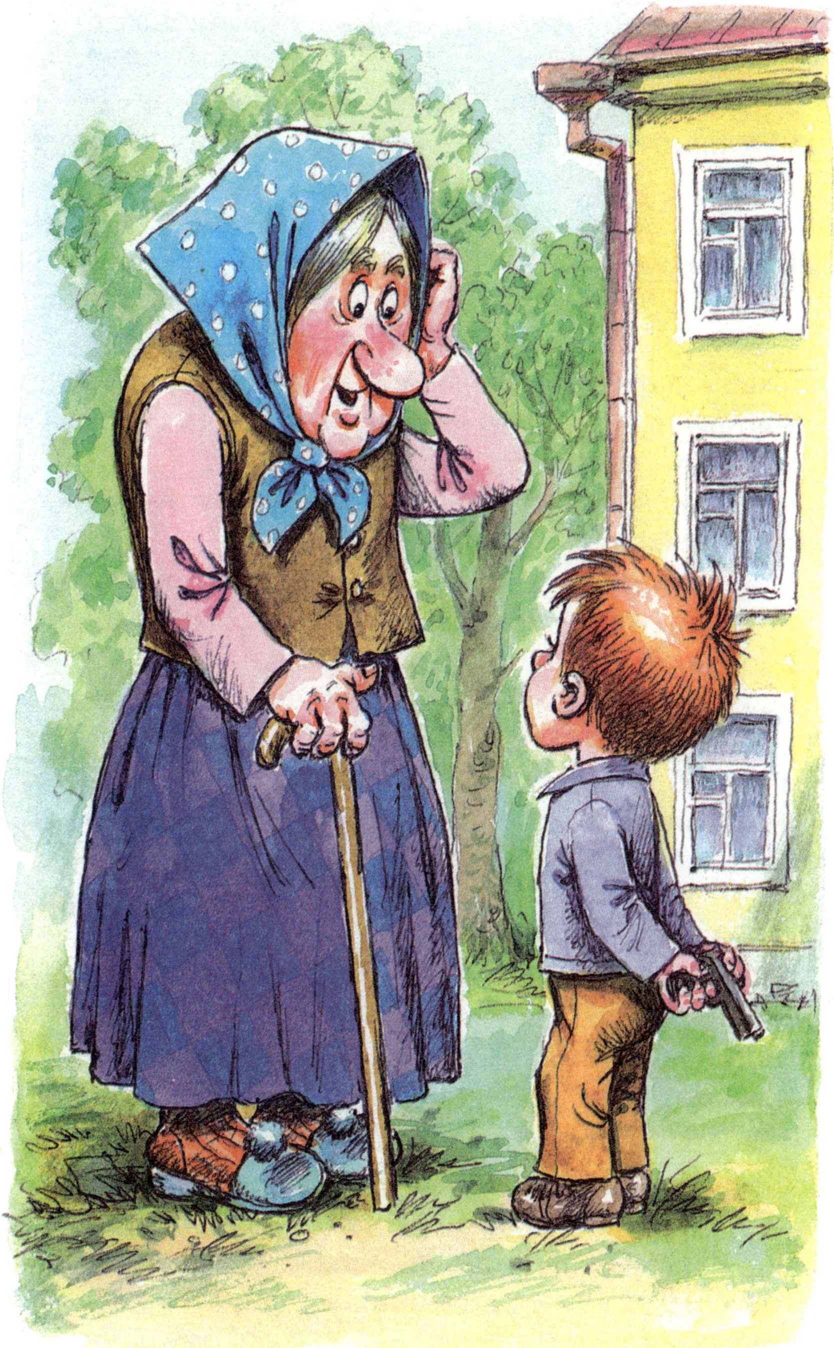

—Я же не виноват, что бабка попалась такая пугливая.

—Вот придёт милиционер, он тебе покажет бабку! — пригрозила Ира. — Будешь знать, как людей пугать!

—А как он меня найдёт? Он ведь не знает, где я живу. Даже имени моего не знает.

—Найдёт, будь спокоен! Милиционеры всё знают.

Целый час Саша просидел дома и всё выглядывал в окно — не идёт ли милиционер. Но милиционера не было видно. Тогда он понемногу успокоился, развеселился и сказал:

—Наверно, бабушка меня просто попугать хотела, чтоб я не баловался.

Он решил снова пострелять из своего любимого пистолета и сунул руку в карман. В кармане лежала коробка с пистонами, но пистолета не было. Он полез в другой карман, но и там было пусто. Тогда он принялся искать по всей комнате. Смотрел и под столами, и под диваном. Пистолет исчез, будто провалился сквозь землю. Саше стало обидно до слёз.

—Не успел даже поиграть! — хныкал он. — Такой пистолетик был!

—Может быть, ты его во дворе потерял? — спросила Ира.

—Наверно, я его там, за воротами, выронил, — сообразил Саша.

Он открыл дверь и бросился через двор на улицу. За воротами пистолета не было.

«Ну, теперь его уже нашёл кто-нибудь и взял себе!» — с досадой подумал Саша и тут вдруг увидел, что из переулка напротив вышел милиционер и быстро зашагал через улицу, прямо к Сашиному дому.

«За мной идёт! Видно, бабка таки нажаловалась!» — испугался Саша и стремглав побежал домой.

— Ну, нашёл? — спросили его Маринка и Ирочка.
— Тише! — прошипел Сашка. — Милиционер идёт!
— Куда?
— Сюда, к нам.
— Где ты его видел?
— На улице.

Марина и Ира стали над ним смеяться:
— Эх ты, трусишка! Увидел милиционера и испугался. Может быть, милиционер совсем в другое место идёт.
— Да я вовсе и не боюсь его! — стал храбриться Сашка. — Что мне милиционер! Подумаешь!

Тут за дверью послышались шаги, и вдруг зазвонил звонок. Маринка и Ира побежали открывать дверь. Сашка высунулся в коридор и зашипел:
— Не открывайте ему!

Но Марина уже отворила дверь. На пороге стоял милиционер. Блестящие пуговицы так и сверкали на нём. Сашка опустился на четвереньки и полез под диван.

— Скажите, девочки, где здесь шестая квартира? — послышался голос милиционера.
— Это не здесь, — ответила Ира. — Здесь первая, а шестая — это нужно выйти во двор, а там дверь направо.
— Во дворе, дверь направо? — повторил милиционер.
— Ну да.

Саша понял, что милиционер вовсе не за ним пришёл, и он уже хотел вылезти из-под дивана, но тут милиционер спросил:
— Кстати, не у вас тут живёт мальчик Саша?

— У нас, — ответила Ира.

— А вот он-то мне как раз нужен, — сказал милиционер и вошёл в комнату.

Марина и Ира вошли вместе с милиционером в комнату и увидели, что Сашка куда-то исчез. Марина даже заглянула под диван. Сашка увидел её и молча погрозил ей из-под дивана кулаком, чтобы она не выдавала его.

— Ну, где же ваш Саша? — спросил милиционер.

Девочки очень испугались за Сашу и не знали, что отвечать. Наконец Марина сказала:

— А его, понимаете, дома нет. Он, понимаете, гулять ушёл.

— А что вы про него знаете? — спросила милиционера Ира.

— Что же я знаю! — ответил милиционер. — Знаю, что зовут его Саша. Ещё знаю, что у него был новенький пистолет, а теперь у него этого пистолета нету.

«Всё знает!» — подумал Сашка.

От страха у него даже зачесалось в носу, и он как чихнёт под диваном: «Апчхи!»

— Кто это там? — удивился милиционер.

— А это у нас... Это у нас собака, — соврала Маринка.

— Чего же она под диван забралась?

— А она у нас всегда под диваном спит, — продолжала сочинять Марина.

— Как же её зовут?

— Э... Бобик, — выдумала Маринка и покраснела, как свёкла.

— Бобик! Бобик! Фью! — засвистел милиционер. — Почему же она не хочет вылезать? Фью! Фью! Ишь ты, не хочет. А собака хорошая? Какой породы?

— Э... — протянула Маринка. — Э-э... — Она никак

не могла вспомнить, какие бывают породы собак. — Порода эта вот... — сказала она. — Как её?.. Хорошая порода... Длинношёрстный фокстерьер!

—О, это замечательная собака! — обрадовался милиционер. — Я знаю. У неё такая волосатая морда.

Он нагнулся и посмотрел под диван. Саша лежал ни жив ни мёртв и во все глаза глядел на милиционера. Милиционер даже свистнул от изумления:

—Так вот тут какой фокстерьер! Ты чего под диван забрался, а? Ну-ка, вылезай, теперь всё равно попался!

—Не вылезу! — заревел Саша.
—Почему?
—Вы меня в милицию заберёте.
—За что?
—За старушку.
—За какую старушку?
—За которую я выстрелил, а она испугалась.
—Не пойму, про какую он тут старушку толкует? — сказал милиционер.

—Он на улице из пистолета стрелял, а мимо шла бабушка и испугалась, — объяснила Ира.

—Ах, вот что! Значит, это его пистолет? — спросил милиционер и достал из кармана новенький, блестящий пистолет.

—Его, его! — обрадовалась Ира. — Это мы с Мариной ему подарили, а он потерял. Где вы его нашли?

—Да вот тут, во дворе, у вашей двери... Ну, признавайся, зачем напугал бабушку? — спросил милиционер и нагнулся к Саше.

—Я нечаянно... — ответил Саша из-под дивана.

91

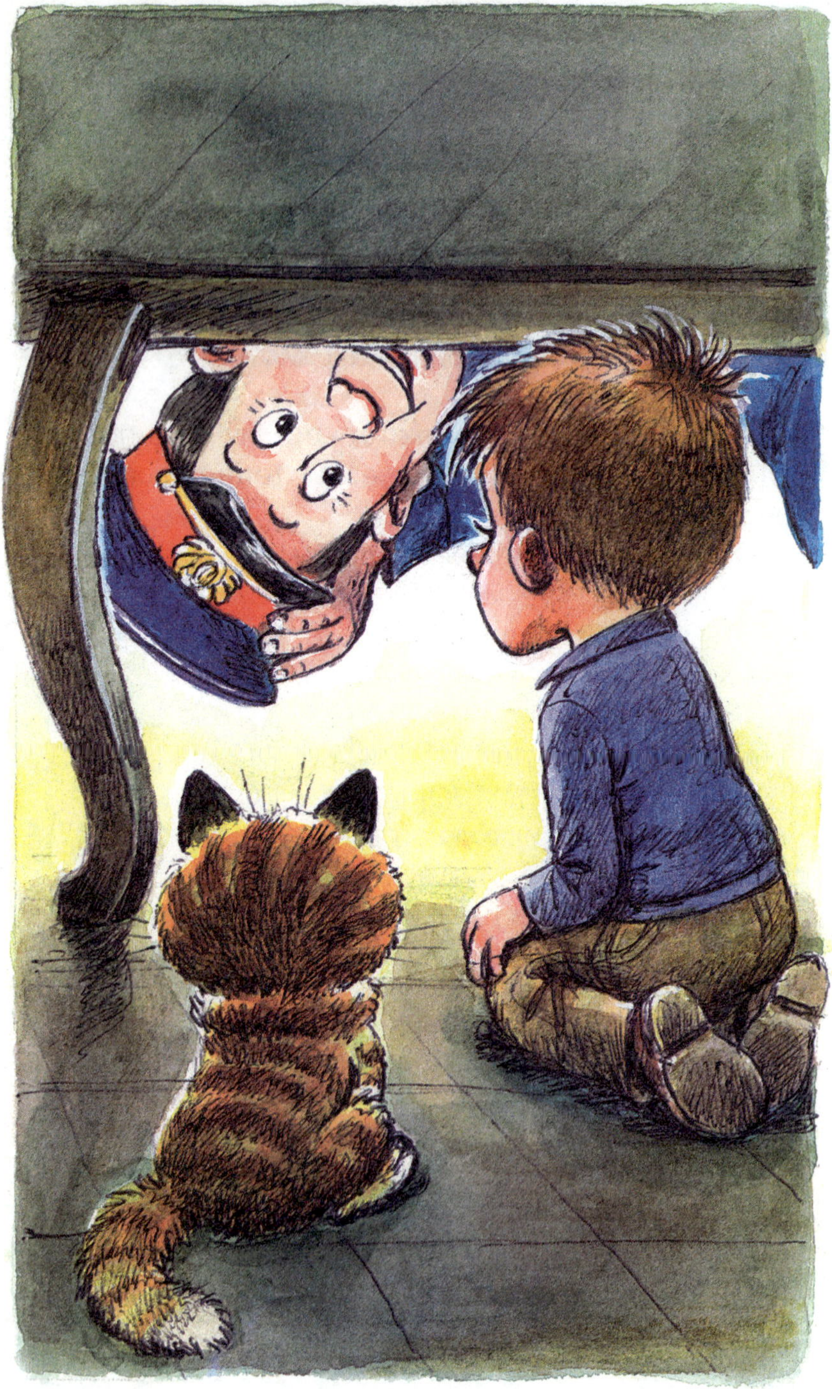

—Неправда! По глазам вижу, что неправда. Вот скажи правду — отдам пистолет обратно.

—А что мне будет, если я скажу правду?

—Ничего не будет. Отдам пистолет — и всё.

—А в милицию не заберёте?

—Нет.

—Я не хотел напугать бабушку. Я только хотел попробовать, испугается она или нет.

—А вот это, братец, нехорошо! За это тебя следовало бы забрать в милицию, да ничего не поделаешь: раз я обещал не забирать — значит, должен исполнить. Только смотри, если ещё раз набедокуришь — обязательно заберу. Ну, вылезай из-под дивана и получай пистолет.

—Нет, я лучше потом вылезу, когда вы уйдёте.

—Вот чудной какой! — усмехнулся милиционер. — Ну, я ухожу.

Он положил пистолет на диван и ушёл. Маринка побежала показать милиционеру шестую квартиру. Саша вылез из-под дивана, увидел свой пистолет и закричал:

—Вот он, мой голубчик! Снова вернулся ко мне! — Он схватил пистолет и сказал: — Не понимаю только, как это милиционер моё имя узнал!

—Ты ведь сам написал своё имя на пистолете, — сказала Ира.

Тут вернулась Марина и набросилась на Сашу:

—Ах ты чучело! Из-за тебя мне пришлось милиционеру врать! От стыда я чуть не сгорела! Вот натвори ещё чего-нибудь, ни за что не стану тебя выгораживать!

—А я и не буду больше ничего творить, — сказал Саша. — Сам теперь знаю, что не нужно людей пугать.

ТРИ ОХОТНИКА

Жили-были три весёлых охотника: дядя Ваня, дядя Федя да дядя Кузьма. Вот пошли они в лес. Ходили, ходили, много разных зверушек видели, но никого не убили. И решили устроить привал: отдохнуть, значит. Уселись на зелёной лужайке и стали рассказывать друг другу разные интересные случаи.

Первым рассказал охотник дядя Ваня.

— Вот послушайте, — сказал он. — Давно это было. Пошёл я как-то зимою в лес, а ружья у меня в ту пору не было: я тогда маленький был. Вдруг смотрю — волк. Огромный такой. Я от него бежать. А волк-то, видать, заметил, что я без ружья. Как побежит за мной!

«Ну, — думаю, — не удрать от него мне».

Смотрю — дерево. Я на дерево. Волк хотел цапнуть меня, да не успел. Только штаны сзади зубами порвал. Залез я на дерево, сижу на ветке и трясусь от страха. А волк сидит внизу на снегу, поглядывает на меня и облизывается.

Я думаю: «Ладно, посижу здесь до вечера. Ночью волчишка заснёт, я от него удеру».

К вечеру, однако, ещё один волк пришёл. И стали они меня вдвоём караулить. Один волк спит, а другой стережёт, чтоб я не сбежал. Немного погодя пришёл третий волк. Потом ещё и ещё. И собралась под деревом целая волчья стая. Сидят все да зубами щёлкают на меня. Ждут, когда я свалюсь к ним сверху.

Под утро мороз ударил. Градусов сорок. Руки-ноги у меня закоченели. Я не удержался на ветке. Бух вниз! Вся волчья стая как набросится на меня! Что-то как затрещит!

«Ну, — думаю, — это кости мои трещат».

А оказывается, это снег подо мной провалился. Я как полечу вниз и очутился в берлоге. Внизу, оказывается, медвежья берлога была. Медведь проснулся, выскочил от испуга наружу, увидел волков и давай их драть. В одну минуту разогнал всех волчишек.

Я осмелел, потихоньку выглянул из берлоги. Смотрю: нет волков — и давай бежать. Прибежал домой, еле отдышался. Ну, моя маменька дырку на штанах зашила, так что совсем незаметно стало. А папенька, как узнал про этот случай, так сейчас же купил мне ружьё, чтоб я не смел без ружья по лесу шататься. Вот и стал я с тех пор охотник.

Дядя Федя и дядя Кузьма посмеялись над тем, как дядя Ваня напугался волков. А потом дядя Федя и говорит:

— Я раз тоже в лесу напугался медведя. Только это летом было. Пошёл я однажды в лес, а ружьё дома забыл. Вдруг навстречу медведь. Я от него бежать.

А он за мной. Я бегу быстро, ну а медведь ещё быстрей. Слышу, уже сопит за моей спиной. Я обернулся, снял с головы шапку и бросил ему. Медведь на минутку остановился, обнюхал шапку и опять за мной. Чувствую — опять настигает. А до дому ещё далеко. Снял я на ходу куртку и бросил медведю.

Думаю: хоть на минуточку задержу его.

Ну, медведь разодрал куртку, видит — ничего в ней съедобного. Снова за мной. Пришлось мне бросить ему и брюки, и сапоги. Ничего не поделаешь: от зверя-то надо спасаться!

Выбежал я из леса в одной майке и трусиках. Тут впереди речка и мостик через неё. Не успел я перебежать через мостик — как затрещит что-то! Оглянулся я, а это мостик под медведем рухнул. Медведь бултых в речку!

«Ну, — думаю, — так тебе и надо, бродяга, чтоб не пугал людей зря».

Только под мостиком было неглубоко. Медведь вылез на берег, отряхнулся как следует и в лес обратно ушёл.

А я говорю сам себе:

«Молодец, дядя Федя! Ловко медведя провёл! Только как мне теперь домой идти? На улице люди увидят, что я чуть ли не голышом, и на смех поднимут».

И решил: посижу здесь в кусточках, а стемнеет, пойду потихоньку. Спрятался я в кустах и сидел там до вечера, а потом вылез и стал пробираться по улицам. Как только увижу, что кто-нибудь идёт навстречу, сейчас же шмыгну куда-нибудь за угол и сижу там в потёмках, чтоб на глаза не попадаться.

Наконец добрался до дома. Хотел дверь открыть, хвать-похвать, а ключа у меня и нет! Ключ-то у меня в кармане лежал, в куртке. А куртку-то я медведю бросил. Надо бы мне сначала ключ из кармана вынуть, да не до того было.

Что делать? Попробовал дверь выломать, да дверь оказалась крепкая.

«Ну, — думаю, — не замерзать же ночью на улице».

Высадил потихоньку стекло и полез в окошко.

Вдруг кто-то меня за ноги хвать! И орёт во всё горло:

«Держите его! Держите!»

Сразу людей набежало откуда-то.

Одни кричат:

«Держите его! Он в чужое окошко лез!»

Другие вопят:

«В милицию его надо! В милицию!»

Я говорю:

«Братцы, за что же меня в милицию? Я ведь в свой дом лез».

А тот, который схватил меня, говорит:

«Вы его не слушайте, братцы. Я за ним давно слежу. Он всё время по тёмным углам прятался. И дверь хотел выломать, а потом в окно полез».

Тут милиционер прибежал. Все ему стали рассказывать, что случилось.

Милиционер говорит:

«Ваши документы!»

«А какие у меня, — говорю, — документы? Их медведь съел».

«Вы бросьте шутить! Как это медведь съел?»

Я хотел рассказать, а никто и слушать не хочет.

Тут на шум соседка тётя Даша из своего дома вышла. Увидала меня и говорит:

«Отпустите его. Это же наш сосед, дядя Федя. Он на самом деле в этом доме живёт».

Милиционер поверил и отпустил меня.

А на другой день купил я себе новый костюм, шапку и сапоги. И стал я с тех пор жить да поживать, да в новом костюме щеголять.

Дядя Ваня и дядя Кузьма посмеялись над тем, что приключилось с дядей Федей. Потом дядя Кузьма сказал:

— Я тоже однажды медведя встретил. Это было зимой. Пошёл я в лес. Гляжу — медведь. Я бах из ружья. А медведь брык на землю. Я положил его на санки и повёз домой. Тащу его по деревне на санках. Тяжело. Спасибо, деревенские ребятишки помогли мне его довезти до дому.

Привёз я медведя домой и оставил посреди двора. Сынишка мой Игорёк увидел и от удивления рот разинул.

А жена говорит:

«Вот хорошо! Сдерёшь с медведя шкуру, и сошьём тебе шубу».

Потом жена и сынишка пошли пить чай. Я уже хотел начать сдирать шкуру, а тут, откуда ни возьмись, прибежал пёс Фоксик да как цапнет медведя зубами за ухо! Медведь как вскочит, как рявкнет на Фоксика! Оказалось, что он не был убит, а только обмер от испуга, когда я выстрелил.

Фоксик испугался и бегом в конуру. А медведь как

бросится на меня! Я от него бежать. Увидел у курятника лестницу и полез вверх. Взобрался на крышу. Гляжу, а медведь вслед за мной полез. Взгромоздился он тоже на крышу. А крыша не выдержала. Как рухнет! Мы с медведем полетели в курятник. Куры перепугались. Как закудахчут, как полетят в стороны!

Я выскочил из курятника. Поскорей к дому. Медведь за мной. Я в комнату. И медведь в комнату. Я зацепился ногой за стол, повалил его. Вся посуда посыпалась на пол. И самовар полетел. Игорёк от страха под диван спрятался.

Вижу я — бежать дальше некуда. Упал на кровать и глаза с перепугу зажмурил. А медведь подбежал, как тряхнёт меня лапой, как зарычит:

«Вставай скорее! Вставай!»

Я открыл глаза, смотрю, а это жена меня будит.

— Вставай, — говорит, — уже утро давно. Ты ведь собирался идти на охоту.

Встал я и пошёл на охоту, но медведя в тот день не видал больше. И стал я с тех пор жить да поживать, да щи хлебать, да хлеб жевать, да в новом костюме щеголять, во!

Дядя Ваня и дядя Федя посмеялись над этим рассказом. И дядя Кузьма посмеялся с ними.

А потом все трое пошли домой. Дядя Ваня сказал:

— Хорошо поохотились, правда? И зверушки ни одной не убили, и весело время провели.

— А я и не люблю убивать зверушек, — ответил дядя Федя. — Пусть зайчики, белочки, ёжики и лисички мирно в лесу живут. Не надо их трогать.

— И птички разные пусть тоже живут, — сказал дядя Кузьма. — Без зверушек и пичужек в лесу было бы скучно. Никого убивать не надо. Животных надо любить.

Вот какие были три весёлых охотника.

БОБИК В ГОСТЯХ У БАРБОСА

Жил-был пёс Барбоска. У него был друг — кот Васька. Оба они жили у дедушки. Дедушка ходил на работу. Барбоска сторожил дом, а кот Васька мышей ловил.

Однажды дедушка ушёл на работу, кот Васька убежал куда-то гулять, а Барбос дома остался. От нечего делать он залез на подоконник и стал смотреть в окно. Ему было скучно, вот он и зевал по сторонам.

«Дедушке нашему хорошо! — думал Барбоска. — Ушёл на работу и работает. Ваське тоже неплохо — убежал из дому и гуляет по крышам. А мне вот приходится дома сидеть, сторожить квартиру».

В это время по улице бежал Барбоскин приятель Бобик. Они часто встречались во дворе и играли вместе. Барбос увидел приятеля и обрадовался:

— Эй, Бобик, куда бежишь?

— Никуда, — говорит Бобик. — Так, бегу себе просто. А ты чего дома сидишь? Пойдём гулять.

—Мне нельзя, — ответил Барбос, — дедушка велел дом стеречь. Ты лучше ко мне в гости иди.

—А никто не прогонит?

—Нет. Дедушка на работу ушёл. Никого дома нет. Лезь прямо в окно.

Бобик залез в окно и с любопытством стал осматривать комнату.

—Тебе хорошо! — сказал он Барбосу. — Ты в доме живёшь, а вот я живу в конуре. Теснота, понимаешь! И крыша протекает. Неважные условия!

—Да, — ответил Барбос, — у нас квартира хорошая: две комнаты с кухней и ещё ванная. Ходи где хочешь.

—А меня даже в коридор хозяева не пускают! — пожаловался Бобик. — Говорят — я дворовый пёс, поэтому должен жить в конуре. Один раз зашёл в комнату — что было! Закричали, заохали, даже палкой по спине стукнули.

Он почесал лапой за ухом, потом увидел на стене часы с маятником и спрашивает:

—А что это у вас за штука на стене висит? Всё тик-так да тик-так, а внизу болтается.

—Это часы, — ответил Барбос. — Разве ты часов никогда не видел?

—Нет. А для чего они?

Барбос и сам не знал толком, для чего часы, но всё-таки принялся объяснять:

—Ну, это такая штука, понимаешь... часы... они ходят...

—Как — ходят? — удивился Бобик. — У них ведь ног нету!

—Ну, понимаешь, это только так говорится, что ходят, а на самом деле они просто стучат, а потом начинают бить.

102

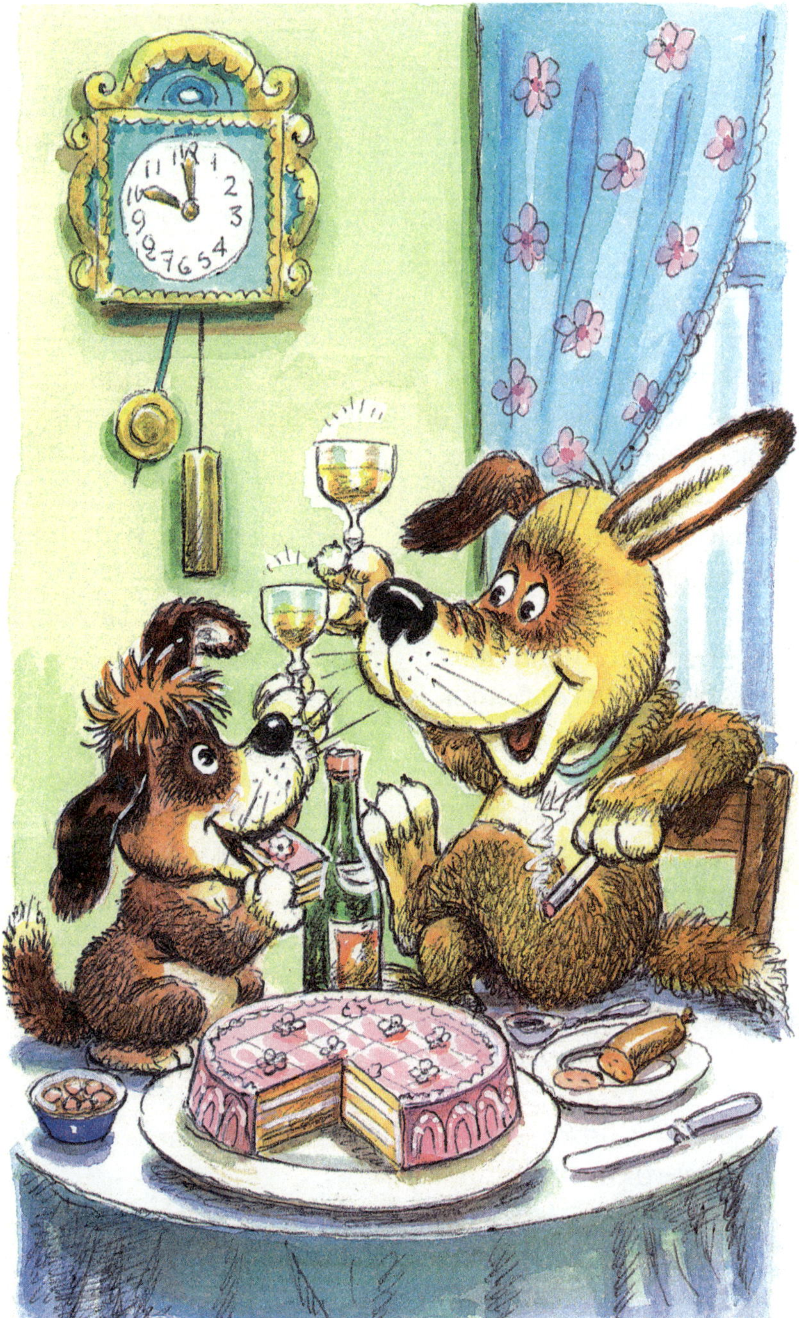

— Ого! Так они ещё и дерутся? — испугался Бобик.
— Да нет! Как они могут драться!
— Ты ведь сам сказал — бить!
— Бить — это значит звонить: бом! бом!
— А, ну так бы и говорил!
Бобик увидел на столе гребешок и спросил:
— А что это у вас за пила?
— Какая пила! Это гребешок.
— А для чего он?
— Эх, ты! — сказал Барбос. — Сразу видно, что весь век в конуре прожил. Не знаешь, для чего гребешок? Причёсываться.
— Как это — причёсываться?
Барбос взял гребешок и стал причёсывать у себя на голове шерсть:
— Вот смотри, как надо причёсываться. Подойди к зеркалу и причешись.
Бобик взял гребешок, подошёл к зеркалу и увидел в нём своё отражение.
— Послушай, — закричал он, показывая на зеркало, — там собака какая-то!
— Да это ведь ты сам в зеркале! — засмеялся Барбос.
— Как — я?.. Я ведь здесь, а там другая собака.
Барбос тоже подошёл к зеркалу. Бобик увидел его отражение и закричал:
— Ну вот, теперь их уже двое!
— Да нет! — сказал Барбос. — Это не их двое, а нас двое. Они там, в зеркале, неживые.
— Как — неживые? — закричал Бобик. — Они же ведь двигаются!
— Вот чудак! — ответил Барбос. — Это мы двигаемся. Видишь, там одна собака на меня похожа?
— Верно, похожа! — обрадовался Бобик. — Точь-в-точь как ты!

—А другая собака похожа на тебя.
—Что ты! — ответил Бобик. — Там какая-то противная собака, и лапы у неё кривые.
—Такие же лапы, как у тебя.
—Нет, это ты меня обманываешь! Посадил туда каких-то двух собак и думаешь — я тебе поверю, — сказал Бобик.

Он принялся причёсываться перед зеркалом, потом вдруг как засмеётся:
—Глянь-ка, а этот чудак в зеркале тоже причёсывается! Вот умора!

Барбос только фыркнул и отошёл в сторону. Бобик причесался, положил гребешок на место и говорит:
—Чудно тут у вас! Часы какие-то, зеркала с собаками, разные финтифлюшки и гребешки.
—У нас ещё телевизор есть! — похвастался Барбос и показал телевизор.
—Для чего это? — спросил Бобик.
—А это такая штука — она всё делает: поёт, играет, даже картины показывает.
—Вот этот ящик?
—Да.
—Ну, это уж враки!
—Честное слово!
—А ну пусть заиграет!

Барбос включил телевизор. Послышалась музыка. Собаки обрадовались и давай прыгать по комнате. Плясали, плясали, из сил выбились.
—Мне даже есть захотелось, — говорит Бобик.
—Садись за стол, сейчас я тебя угощать буду, — предложил Барбос.

Бобик уселся за стол. Барбоска открыл буфет, видит — там блюдо с киселём стоит, а на верхней полке — большой пирог. Он взял блюдо с киселём, поставил на пол, а сам полез на верхнюю полку за пирогом. Взял его, стал вниз спускаться и попал лапой в кисель. Поскользнувшись, он шлёпнулся прямо на блюдо, и весь кисель у него размазался по спине.

—Бобик, иди скорей кисель есть! — закричал Барбос.

Бобик прибежал:

—Где кисель?

—Да вот у меня на спине. Облизывай.

Бобик давай ему спину облизывать.

—Ох и вкусный кисель! — говорит.

Потом они перенесли пирог на стол. Сами тоже на стол уселись, чтоб удобнее было. Едят и разговаривают.

—Тебе хорошо живётся! — говорит Бобик. — У тебя всё есть.

—Да, — говорит Барбос, — я живу хорошо. Что хочу, то и делаю: хочу — гребешком причёсываюсь, хочу — на телевизоре играю, ем и пью что хочу или на кровати валяюсь.

—А тебе позволяет дедушка?

—Что мне дедушка! Подумаешь! Эта кровать моя.

—А где же дедушка спит?

—Дедушка там, в углу, на коврике.

Барбоска так заврался, что не мог уже остановиться.

—Здесь всё моё! — хвастался он. — И стол мой, и буфет мой, и всё, что в буфете, тоже моё.

—А можно мне на кровати поваляться? — спросил Бобик. — Я ни разу в жизни ещё на кровати не спал.

—Ну пойдём, поваляемся, — согласился Барбос.

Они улеглись на кровать.

Бобик увидел плётку, которая висела на стене, и спрашивает:

— А для чего у вас здесь плётка?
— Плётка? Это для дедушки. Если не слушается, я его плёткой, — ответил Барбос.
— Это хорошо! — одобрил Бобик.

Лежали они на кровати, лежали, пригрелись да и заснули. Не услышали даже, как дедушка с работы пришёл.

Он увидел на своей кровати двух псов, снял со стены плётку и замахнулся на них.

Бобик с перепугу выпрыгнул в окно и побежал в свою конуру, а Барбос забился под кровать, так что его даже половой щёткой нельзя было вытащить. До вечера там просидел.

Вечером вернулся домой кот Васька. Он увидел Барбоса под кроватью и сразу понял, в чём дело.

— Эх, Васька, — сказал Барбос, — опять я наказан! Даже сам не знаю за что. Принеси мне кусочек колбаски, если тебе дедушка даст.

Васька пошёл к дедушке, стал мурлыкать и тереться спинкой о его ноги. Дедушка дал ему кусочек колбаски. Васька половину съел сам, а другую половинку отнёс под кровать Барбоске.

ВИНТИК, ШПУНТИК И ПЫЛЕСОС

Кто читал книгу «Приключения Незнайки», тот знает, что у Незнайки было много друзей, таких же, как он, маленьких человечков.

Среди них было два механика — Винтик и Шпунтик, которые очень любили мастерить разные вещи. Однажды они задумали соорудить пылесос для уборки помещения.

Сделали круглую металлическую коробку из двух половинок. В одной половинке поместили электромотор с вентилятором, к другой присоединили резиновую трубку, а между обеими половинками проложили кусок плотной материи, чтобы пыль в пылесосе задерживалась.

Трудились они целый день и целую ночь, и только наутро пылесос был готов.

Все ещё спали, но Винтику и Шпунтику очень хотелось проверить, как работает пылесос.

—Сначала почистим ковёр в спальне, — предложил Шпунтик.

Он включил пылесос, и пыль с ковра так и полетела в трубу. Поток воздуха был так силён, что в трубу засосало чулки Растеряйки, которые случайно валялись у него под кроватью.

Потом сдуло со стола ручные часы доктора Пилюлькина и тоже засосало в трубу. Винтик и Шпунтик ничего не заметили, так как им обоим очень хотелось спать.

Под столом стоял ящик с красками художника Тюбика. После того как Винтик почистил пыль под столом, количество красок в ящике значительно поубавилось.

—А теперь попробуем чистить одежду, — сказал Винтик и начал чистить пиджак Торопыжки. Пыль из пиджака так и полетела в трубу, а вместе с пылью и пуговицы.

Потом они стали чистить штанишки Пончика. А у Пончика в карманах всегда лежали конфеты. Пылесос был такой мощный, что даже конфеты повысасывал из карманов.

После этого они стали чистить курточку Знайки, и тут только Шпунтик заметил, что из кармана вытащило Знайкину вечную ручку. Он хотел прекратить работу, но Винтик сказал:

—Ничего, потом откроем пылесос и достанем.

—А теперь почистим диван, — предложил Шпунтик.

Они стали чистить диван. Гвозди из обшивки так и выскакивали и исчезали в трубе.

Обшивка постепенно разлезлась, пружины повыскакивали, спинка отвалилась, диван рассыпался на кусочки, и вся диванная начинка вместе с пружинами полетела в трубу.

Дело кончилось тем, что в трубе застряла диванная ножка и пылесос ничего больше не мог всасывать.

— Ну и ладно, — сказал Винтик. — Ляжем спать, а когда встанем, починим диван и вытащим из пылесоса все гвозди.

Друзья легли спать и моментально заснули.

В это утро первым проснулся Растеряйка и принялся искать чулки. Все стали над ним смеяться, потому что он вечно терял свои вещи.

Потом встал Ворчун и с удивлением обнаружил, что у него пропали брюки.

У Авоськи не осталось на одежде ни одной пуговицы. Он так и ходил, придерживая брюки руками, потому что без пуговиц они не могли держаться.

В общем, у каждого что-нибудь потерялось. Только у Незнайки ничего не пропало.

Торопыжка сказал:

— Это, наверно, Незнайка всё устроил. Почему у него ничего не пропало?

— Братцы, я не виноват! — кричал Незнайка. — У меня ничего не пропало, потому что я спал в одежде. Я вчера очень устал, и мне лень было раздеться.

Наконец Знайка обнаружил в углу комнаты какую-то загадочную машину с трубой, из которой торчала диванная ножка.

Знайка сейчас же понял, что это, без сомнения, дело рук Винтика и Шпунтика, и принялся будить их.

Винтик и Шпунтик встали. Они открыли пылесос и обнаружили в нём все пропавшие вещи.

— Мы слишком сильный мотор поставили, — сказал Шпунтик. — Надо уменьшить его мощность, и пылесос перестанет всасывать крупные вещи.

Сейчас же к пылесосу выстроилась длинная очередь. Каждый получал, что у него потерялось: Растеряйка — чулки, Авоська и Торопыжка — пуговицы, Ворчун — свои брюки.

А Незнайка сказал Винтику:

— Посмотри-ка, пожалуйста, нет ли в пылесосе моего свистка, который потерялся прошлым летом.

Все стали над Незнайкой смеяться. Но тут Винтик вдруг обнаружил среди прочих предметов и Незнайкин свисток.

Все удивились и никак не могли понять, как очутился в пылесосе свисток, который пропал в прошлом году. Ведь в прошлом году и пылесоса-то не было!

Содержание

Затейники	3
Карасик	6
Огурцы	15
Дружок	20
Телефон	41
Тук-тук-тук	53
Мишкина каша	62
Фантазёры	74
Живая шляпа	81
Саша	84
Три охотника	94
Бобик в гостях у Барбоса	101
Винтик, Шпунтик и пылесос	108

Серия «Школьная библиотека»
Носов Николай Николаевич
МИШКИНА КАША

Для младшего школьного возраста
Художник **Савченко Анатолий Михайлович**

Подписано в печать 28.08.2012.
Формат 60x90 $^1/_{16}$. Бумага офсетная.
Печать офсетная. Усл. п. л. 7.
Гарнитура «Прагматика».
Тираж 30 000 экз. Заказ № 3250.

Издательство «Самовар»
125047, Москва, ул. Александра Невского, д.1.
Информация о книгах на сайте www.knigi.ru
Оптовая продажа: ООО «Атберг 98»
(495) 925-51-39   www.atberg.aha.ru
Интернет-магазин: www.books-land.ru

Отпечатано в полном соответствии с качеством предоставленных издательством материалов в ОАО «Тверской ордена Трудового Красного Знамени полиграфкомбинат детской литературы им. 50-летия СССР».
170040, Тверь, проспект 50 лет Октября, 46.

Носов Н.Н.
Мишкина каша / Худож. А.Савченко. — М.: Самовар,
Издание И.П.Носова, 2012. — 112 с.

© Носов. Текст,
художественные образы.
© Издательство «Самовар»,
серийное оформление.
© РИО «Самовар 1990», иллюстрации.

ISBN 978-5-9781-0418-9

В серии «ШКОЛЬНАЯ БИБЛИОТЕКА» вышли книги:

Т. Александрова	«Домовёнок Кузька»
П. Бажов	«Уральские сказы»
В. Бианки	«Рассказы Бианки»
К. Булычёв	«Девочка с Земли»
Е. Велтистов	«Приключения Электроника»
А. Волков	«Волшебник Изумрудного города»
	«Урфин Джюс и его деревянные солдаты»
	«Семь подземных королей»
	«Огненный бог Марранов»
	«Жёлтый туман»
А. Гайдар	«Тимур и его команда»
О. Генри	«Вождь Краснокожих»
Л. Гераскина	«В Стране невыученных уроков»
	«В Стране невыученных уроков-2»
	«Мягкий характер»
В. Губарев	«Королевство кривых зеркал»
Д. Дефо	«Робинзон Крузо»
В. Драгунский	«Где это видано, где это слыхано…»
	«Денискины рассказы»
Б. Житков	«Рассказы»
Ю. Коваль	«Алый» и другие рассказы»
	«Приключения Васи Куролесова»
	«Куролесов и Матрос подключаются»
А. Конан Дойл	«Рассказы о Шерлоке Холмсе»
И. Крылов	«Басни Крылова»
Л. Кэрролл	«Алиса в Стране Чудес»
Т. Крюкова	«Женька Москвичёв и его друзья»
Л. Лагин	«Старик Хоттабыч»
Д. Лондон	«Белый Клык»
В. Медведев	«Баранкин, будь человеком!»
С. Михалков	«Праздник непослушания»
Н. Носов	«Витя Малеев в школе и дома»
	«Мишкина каша»
	«Фантазёры»
Ю. Олеша	«Три толстяка»
В. Осеева	«Волшебное слово»
В. Приёмыхов	«Князь Удача Андреевич»
С. Прокофьева	«Приключения жёлтого чемоданчика»
	«Новые приключения жёлтого чемоданчика»